파이썬 Python 3학년 머신러닝의 구조

3학년

체험으로 배우고! 대화 형식으로 공부!

모리 요시나오 지음
김성훈 옮김

BM (주)도서출판 성안당

■ 이 책의 내용 관련 문의에 대해서

이 책에 관한 질문, 정오표는 아래 웹사이트를 참조하세요.

(원서) 정오표 http://www.shoeisha.co.jp/book/errata/

(번역판) 정오표 http://www.cyber.co.kr (회원 가입 후) 자료실 - 정오표 - (검색 창에) '파이썬' 입력

(원서) 간행물 Q&A http://www.shoeisha.co.jp/book/qa/

(번역판) 문의 사항 http://www.cyber.co.kr (회원 가입 후) 1:1 게시판 또는 hrcho@cyber.co.kr

※ 이 책에 기재된 URL 등은 예고 없이 변경될 수 있습니다.

※ 이 책을 출판할 때 정확하게 기술하도록 힘썼으나 저자와 출판사 모두 내용에 관해 아무런 보증을 하지 않으며, 내용이나 예제 및 다운로드 파일을 기반으로 한 어떠한 운용 결과에 대해서도 일절 책임지지 않습니다.

※ 이 책에 기재된 예제 프로그램과 스크립트 및 실행 결과를 기술한 화면 이미지 등은 특정 설정을 바탕으로 한 환경에서 재현되는 하나의 예입니다.

※ 이 책에 나오는 회사명과 제품명은 각 사의 상표 및 등록 상표입니다.

※ 이 책의 내용은 2021년 11월 시점의 정보를 바탕으로 집필됐습니다.

시작하며

요즘 파이썬의 인기가 매우 높습니다. 특히 인공지능 분야에서 주목을 받고 있고, 서점에도 인공지능과 머신러닝에 관한 책이 많이 나와 있습니다.

하지만 전문적인 책은 대부분 어딘가 어려워 보이고, 초보자용 책인데도 어려운 수식이 쓰여 있어 쉽사리 다가가기 어려워 보이는 것도 있습니다. 수학을 잘 못해도 더 쉽게 학습할 수 있는 방법은 없을까요? 어떻게 동작하는지 알 수 없는 머신러닝의 원리를 쉽고 구체적으로 이해해 볼 수 있는 방법은 없을까요?

이 책은 그러한 초보자가 머신러닝이 어떤 원리로 작동하는지 이해할 수 있도록 도와주는 책입니다. 평소처럼 염소 박사님과 다솜 양과 함께 쉽게 배워 봅시다.

이 책은 시리즈로 구성되어 있어, 『Python 1학년』에서는 'Python이란 어떤 것인가', 『Python 2학년 스크래핑의 구조』에서는 '데이터를 어떻게 수집하는가', 『Python 2학년 데이터 분석의 구조』에서는 '데이터 분석이란 무엇인가'에 관해 학습할 수 있습니다. 그리고 이 책에서는 '머신러닝이 어떤 원리로 동작하는가'를 머릿속으로 상상해 볼 수 있는 수준까지 학습합니다.

머신러닝이라고 겁낼 게 아니라 우리 생활을 풍요롭게 해주는 도구 중 하나로 이해할 수 있다면 더 친근하게 느껴질 것입니다. 친근하게 느낄 수 있다면 생활 속에서 머신러닝을 활용할 아이디어가 떠오를 지도 모릅니다.

이 책으로 '머신러닝이라는 새 아이템'을 손에 넣고, 그로 인해 새로운 시야를 넓히는 계기가 되면 좋겠습니다.

2021년 11월
저자 **모리 요시나오**

차례

제1장 머신러닝 준비

제2장 샘플 데이터를 살펴보자

제3장 머신러닝 과정을 이해하자

제4장 머신러닝의 다양한 알고리즘

제5장 치노 다시 한 번! 이미지로 숫자를 예측하자

 ## 이 책의 예제 테스트 환경

이 책의 예제는 다음과 같은 환경에서 문제없이 동작하는 것을 확인했습니다.

OS: macOS
OS 버전: 11.1(Big Sur)
CPU: Intel Core i5
Python 버전: 3.9
Anaconda3 버전: 2022. 05
각종 라이브러리와 버전
　pandas: 1.3.4
　numpy: 1.21.3
　matplotlib: 3.4.3
　seaborn: 0.9.0
　scipy: 1.7.1
　scikit-learn: 1.0.1
및 Google Colaboratory

OS: Windows
OS 버전: 11 Pro
CPU: Intel Core i7
Python 버전: 3.9
Anaconda3 버전: 2022. 05
각종 라이브러리와 버전
　pandas: 1.3.4
　numpy: 1.21.3
　matplotlib: 3.4.3
　seaborn: 0.9.0
　scipy: 1.7.1
　scikit-learn: 1.0.1

이 책의 대상 독자와 3학년 시리즈에 대해

이 책은 누가 읽나요?

이 책은 머신러닝 초보자나 앞으로 머신러닝을 배우고자 하는 분들을 위한 입문서입니다. 대화 형식으로 머신러닝의 원리를 이해할 수 있습니다. 머신러닝이 처음인 분도 안심하고 머신러닝의 세계로 뛰어들 수 있습니다.

- Python 기본 문법은 알고 있는 분(『Python 1학년』, 『Python 2학년』을 다 읽은 분)
- 머신러닝을 처음 시작하는 초보자

3학년 시리즈에 대하여

3학년 시리즈는 『Python 1학년』, 『Python 2학년』을 다 학습하신 분을 대상으로 한 입문서입니다. 어느 정도 기본적인 것을 포함해 이 책에서 다루는 기술을 익히게 됩니다. 정리하면 다음 세 가지 특징이 있습니다.

특징 ① 기초 지식을 알 수 있다
각 장의 처음에는 만화와 일러스트를 넣어 학습할 내용을 간단히 소개했습니다. 그 이후로는 일러스트를 섞어가면서 기초 지식을 설명했습니다.

특징 ② 프로그램의 구조를 알 수 있다
최소한의 문법을 선정하여 설명했습니다. 중간에 학습을 포기하지 않도록 대화를 위주로 하여 알기 쉽게 설명했습니다.

특징 ③ 개발 경험을 할 수 있다
처음으로 머신러닝을 배우는 분들을 위해 즐겁게 학습할 수 있도록 고안한 예제를 준비했습니다.

염소 박사님

다솜 양

이 책은 이렇게 구성돼 있어요

이 책은 처음 배우는 사람도 안심하고 머신러닝의 세계로 뛰어들어, 중간에 포기하지 않고 학습할 수 있도록 여러 가지 아이디어를 담았습니다.

염소 박사님과 다솜 양의 따끈따끈한 만화로 개요를 설명한다

각 장에서 배울 내용을 만화로 설명합니다.

구체적으로 배울 내용을 한 눈에 알 수 있다

각 장에서 할 일을 일러스트로 알기 쉽게 소개합니다.

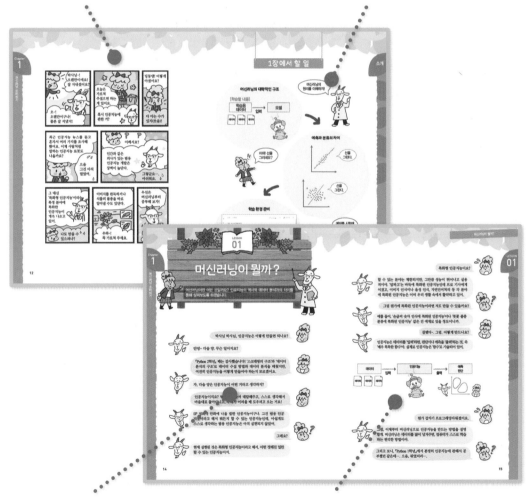

대화 형식으로 설명

염소 박사님과 다솜 양의 대화를 중심으로 개요와 예제를 재미있게 설명합니다.

일러스트로 설명

일러스트로 친절하게 설명합니다.

9

예제 코드와 회원 특전 파일(PDF) 다운로드에 대해

예제 코드 다운로드 안내

이 책에서 사용하는 예제 코드는 다음의 웹사이트에서 다운로드할 수 있습니다.

• **예제 코드 다운로드 사이트**
URL www.cyber.co.kr(회원 가입 후)−자료실−'파이썬' 검색

주의

예제 코드에 관한 권리는 저자 및 주식회사 쇼에이샤가 소유하고 있습니다. 허가없이 배포하거나 웹사이트에 전재할 수 없습니다. 예제 코드 제공은 예고 없이 종료되는 경우가 있습니다. 미리 양해를 구합니다.

다운로드 데이터 사용법

Colab Notebook의 경우

1. 브라우저에서 구글(https://www.google.co.kr)에 접속해, 오른쪽 상단의 Google 앱(9개의 점)을 클릭해서 '드라이브'를 선택하고 Google 드라이브를 엽니다.
2. 다운로드한 MLtest 폴더를 Google 드라이브에 드래그 앤 드롭해서 업로드합니다.
3. MLtest 폴더 내의 MLtest*.ipynb 파일을 더블클릭하면 Colab Notebook이 열립니다.

Jupyter Notebook의 경우

1. Anaconda를 실행하고 Jupyter Notebook의 [Launch] 버튼을 클릭하면 브라우저에서 Jupyter Notebook이 열립니다. 저장하고 싶은 폴더를 선택합니다.
2. 오른쪽 상단에 있는 [Upload] 버튼을 클릭하고 다운로드한 MLtest*.ipynb 파일을 선택합니다. 그런 다음 [Upload] [Cancel] 버튼이 나타나면 [Upload] 버튼을 클릭합니다.
3. MLtest*.ipynb 파일 (*는 장 번호)을 클릭하면 Notebook이 열립니다.

주의

MLtest_py 폴더의 py 파일은 Notebook의 프로그램을 출력한 것이므로, 그대로 사용할 수는 없습니다. 필요한 부분을 복사해서 Notebook에 붙여 넣어 사용하세요.

회원 특전 파일(관련 사이트 링크) PDF 안내

회원 특전 파일인 관련 사이트 링크 PDF는 다음 사이트에서 다운로드할 수 있습니다.

• **회원 특전 파일(PDF) 다운로드**
URL www.cyber.co.kr(회원 가입 후)−자료실−'파이썬' 검색

면책 사항

예제 코드 및 회원 특전 파일의 기재 내용은 2021년 11월 현재 법령 등에 바탕을 두고 있습니다.
예제 코드 및 회원 특전 파일에 기재된 URL 등은 예고 없이 변경될 수 있습니다.
예제 코드 및 회원 특전 파일을 제공하면서 정확하게 기술하고자 최선을 다했으나, 저자나 출판사 모두 그 내용에 대해 아무런 보증을 하지 않으며, 내용이나 예제를 기반으로 하는 어떠한 운용 결과에 관해서도 아무런 책임을 지지 않습니다. 예제 코드 및 회원 특전 파일에 기재된 회사명, 제품명은 각각 각 회사의 상표 및 등록상표입니다.

저작권 등에 관하여

예제 코드 및 회원 특전 파일의 저작권은 저자 및 주식회사 쇼에이샤가 소유하고 있습니다. 개인이 사용하는 것 외에 이용할 수 없습니다. 허가 없이 네트워크를 통해 배포할 수도 없습니다. 개인적으로 사용하는 경우 자유롭게 소스 코드를 변경하거나 유용할 수 있습니다. 상용 이용에 관해서는 주식회사 쇼에이샤에 알려주세요.

제1장

머신러닝 준비하기

박사님-!
오랜만이에요!
잘 지내셨어요?

오-!
오랜만이구나!
물론 잘 지냈지!

오늘은
가르쳐
주셨으면 하는
게 있어요.

혹시 인공지능에
관한 거?

딩동댕! 어떻게
아셨어요?

다 아는 수가
있지(웃음)!

최근 인공지능 뉴스를 듣고
혼자서 여러 가지를 조사해
봤어요. 이제 사람처럼
말하는 인공지능 로봇도
나올까요?

으음
그건 아직
멀었어.

어째서요?

인간과 같은
의사가 있는 범용
인공지능 개발은
장벽이 높단다.

그렇군요….
아쉬워요.

그 대신
'특화형 인공지능'이라는
특정 분야에
특화한
인공지능이
계속 나오고
있어.

나도 만들 수
있으려나?

이미지를 판독하거나
식물의 품종을 바로
알아낼 수도 있단다.

우와-!
꼭 가르쳐 주세요.

우선은
머신러닝부터
공부해 보자!

네--!

1장에서 할 일

머신러닝의 대략적인 구조

[학습할 내용]

머신러닝의 원리를 이해하자!

예측과 분류의 차이

선을 그린다.

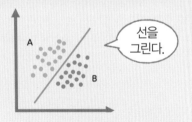

선을 그린다.

아해 선을 그리네요?

학습 환경 준비

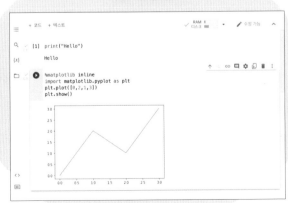

예제를 시험해 볼 수 있어요!

머신러닝이 뭘까?

머신러닝이란 어떤 것일까요? 인공지능의 역사와 데이터 분석과의 차이를 통해 살펴보도록 하겠습니다.

박사님 박사님, 인공지능은 어떻게 만들면 되나요?

안녕~ 다솜 양. 무슨 일이지요?

『Python 2학년』 때는 감사했습니다! '스크래핑의 구조'와 '데이터 분석의 구조'로 데이터 수집 방법과 데이터 분석을 배웠지만, 여전히 인공지능을 어떻게 만들어야 하는지 모르겠어요.

자, 다솜 양은 인공지능이 어떤 거라고 생각하지?

인공지능이지요? 뭐든지 알아서 대답해주고, 스스로 생각해서 마음대로 돌아다니고, 우리가 어려울 때 도우려고 오는 거요!

SF 영화나 만화에 나올 법한 인공지능이구나. 그건 범용 인공지능이라고 해서 뭐든지 할 수 있는 인공지능인데, 아쉽게도 스스로 생각하는 범용 인공지능은 아직 실현되지 않았어.

그래요?

현재 실현된 것은 특화형 인공지능이라고 해서, 어떤 정해진 일만 할 수 있는 인공지능이지.

특화형 인공지능이요?

할 수 있는 분야는 제한되지만, 그만큼 성능이 뛰어나고 실용적이야. '알파고'는 바둑에 특화된 인공지능인데 프로 기사에게 이겼고, 이미지 인식이나 음성 인식, 자연언어처리 등 각 분야에 특화된 인공지능은 이미 우리 생활 속에서 활약하고 있어.

그럼 뭔가에 특화된 인공지능이라면 저도 만들 수 있을까요?

예를 들어, '손글씨 숫자 인식에 특화된 인공지능'이나 '붓꽃 품종 분류에 특화된 인공지능' 같은 건 예제로 있을 정도이니까.

잘됐다~. 그럼, 어떻게 만드나요?

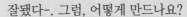

인공지능은 데이터를 '입력'하면, 판단이나 예측을 '출력'하는 것, 즉 '매우 똑똑한 함수'야. 실제로 인공지능은 '함수'로 기술되어 있어.

뭔가 갑자기 프로그래밍다워졌어요.

그럼, 이제부터 머신러닝으로 인공지능을 만드는 방법을 설명할게. 머신러닝은 데이터를 많이 넘겨주면, 컴퓨터가 스스로 학습하는 편리한 방법이야.

그러고 보니, 『Python 1학년』에서 분명히 인공지능에 관해서 공부했던 같은데…. 으음, 뭐였더라….

그럼, 복습부터 하고 넘어 가자. 우선 제1장에서 머신러닝이 어떤 것인지 설명하고, 제2장에서 머신러닝에서 사용할 데이터가 어떤 것인지 살펴볼 거야.

다행이다~ 많이 잊어버렸거든요-.

제3장에서는 머신러닝 프로그래밍을 체험해 보자. 기본 절차대로 만들어 갈 거야. 또 제4장에서는 다양한 머신러닝의 종류에 관해 소개하지.

기대돼요~.

머신러닝이란?

인공지능이란 대체 무엇일까요? 인공지능이 무엇인지 이해하기 위해서 인공지능이 어떻게 성장해 왔는지 먼저 살펴보겠습니다. 인공지능은 1950년 경부터 연구되기 시작했고, 지금까지 세 번의 붐이 있었습니다.

제1차 인공지능 붐에서는 '계산을 통해 미로와 퍼즐을 푸는 인공지능'이 만들어졌습니다. 하지만 '지식'이 없었기 때문에 사전에 준비된 계산만 할 수 있었고 인간의 구체적인 질문에 대한 답을 찾아내기는 어려웠습니다.

그래서 한동안 인공지능의 인기는 시들해졌습니다. 그러나 그 후, '전문가의 지식을 컴퓨터에 넣는 아이디어'가 등장해서 전문가 시스템이 만들어졌습니다. '전문가의 지식과 규칙'을 넣어둠으로써 인간의 구체적인 질문에 답할 수 있게 한 것입니다. 이것이 제2차 인공지능 붐입니다. 그러나, '전문가의 지식이나 규칙'을 전부 인간(개발자)이 미리 조사해서 준비해야만 했습니다. 게다가 그 지식이나 규칙을 만들기 위해서는 엄청난 노력이 필요하다는 것을 알게 되었습니다. 그 때문에 인공지능의 인기는 또다시 식어버렸습니다.

그러나 그 후로 인터넷이 등장하면서 인터넷을 이용하여 데이터를 대량으로 수집할 수 있는 환경이 만들어졌습니다. 그런 환경을 바탕으로 '대량의 데이터를 활용해, 컴퓨터(기계) 스스로 학습해 가는 방법'이 탄생했습니다. 이것이 '머신러닝(기계학습)'입니다. 머신러닝은 데이터를 툭 던져주고 '데이터의 어떤 특징에 주목해서 학습하라'고 지시만 하면, 기계가 스스로 학습해 가는 방법입니다. 머신러닝으로 인해 인공지능 분야는 다시 한번 급부상하고 있습니다. 그것이 현재 제3차 인공지능 붐의 시작입니다.

또한 머신러닝에서는 더욱 놀라운 방법이 탄생했습니다. 인간이 '어떤 특징에 주목해 학습하라'고 지시하지 않아도, 기계가 스스로 특징을 찾아내는 '딥러닝(심층학습)'이 등장한 것입니다. 현재 인공지능이라고 하면, 대부분 '딥러닝'을 가리킵니다. 딥러닝도 머신러닝의 여러 방법 중 하나입니다. 데이터를 많이 넘겨주는 것만으로 인간이라면 생각하지 못했을 특징에도 주목하여 학습할 수 있게 되었고, 정확도 높은 학습을 할 수 있게 되었습니다.

딥러닝은 인간의 뇌세포를 흉내 낸 신경망을 이용해 만들어진 매우 흥미로운 기술입니다. 다만, 딥러닝을 설명하려면 많은 페이지가 필요하므로 이 책에서 다루지 않고, 그 기본이 되는 딥러닝 이외의 머신러닝에 관하여 설명해 갑니다.

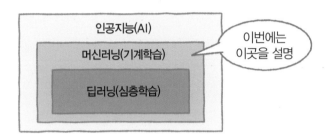

머신러닝에서 하는 일은 한마디로 '사물이 가진 특징의 법칙성을 학습시키는 것'입니다. 데이터 속에서 중요한 특징을 찾아내고, 그 특징을 학습시킬 '모델'을 준비합니다. 모델이란 처음에는 빈 상자 같은 것인데, 여기에 특징 데이터를 전달함으로써 학습해 가는 것입니다. 이렇게 학습을 마친 모델을 '학습된 모델'이라고 합니다.

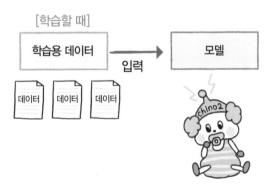

학습된 모델이 생기면 이 모델을 사용해 예측할 수 있게 됩니다. 학습이 끝난 모델에 '이 경우는 어떻게 되나요?'라고 알아보고 싶은 데이터를 입력하면 '그 경우에는 이렇게 될 것이다.'라고 예측 결과를 출력해 줍니다.

[예측할 때]

| 알아보고 싶은 데이터 | → 입력 → | 학습된 모델 | → 출력 → | 예측 결과 |

이 경우는 어떻게 될까요?

그 경우는 이렇게 될 거예요.

예를 들어, 꽃의 특징을 학습시켜 '이 꽃은 무엇인지' 예측할 수 있고, 얼굴 사진을 학습시켜 '이 사진은 누구인지' 예측할 수 있으며, 과거 매출을 학습시켜 '올해의 매출은 얼마일지' 예측할 수 있습니다.

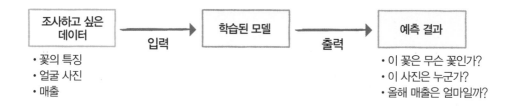

| 조사하고 싶은 데이터 | → 입력 → | 학습된 모델 | → 출력 → | 예측 결과 |

• 꽃의 특징
• 얼굴 사진
• 매출

• 이 꽃은 무슨 꽃인가?
• 이 사진은 누군가?
• 올해 매출은 얼마일까?

머신러닝 학습에는 많은 데이터가 필요합니다. 데이터가 적으면 편향된 학습이 될 수 있고, '이상한 데이터'를 사용하면 엉뚱한 학습이 되어버립니다. 즉 '데이터의 양이나 품질'은 학습 정확도에 영향을 줍니다. 머신러닝에서는 '프로그램 작성'만 중요한 게 아니라, '좋은 데이터를 어떻게 준비할 수 있을지 생각하는 것'도 중요합니다. 그런 의미에서 데이터 수집이나 데이터 분석은 머신러닝과 아주 가까운 곳에 있습니다.

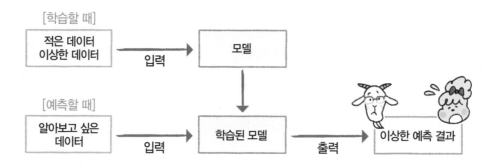

[학습할 때]

| 적은 데이터 이상한 데이터 | → 입력 → | 모델 |

[예측할 때]

| 알아보고 싶은 데이터 | → 입력 → | 학습된 모델 | → 출력 → | 이상한 예측 결과 |

그런데, 이 머신러닝은 크게 나누어 세 종류가 있습니다.

머신러닝의 종류

학습	내용
지도 학습	수치나 분류를 예측하는 학습
비지도 학습	데이터를 정리하는 학습
강화 학습	경험을 통해 능숙해지는 학습

지도 학습

지도 학습은 '수치나 분류를 예측하는 학습'입니다. '문제'와 '답'을 많이 준비해서 학습시킵니다. 실제로 교사가 있는 것이 아니라 준비된 답을 가리켜 '훈련 데이터'라고 부르고, 이 방식을 '지도 학습'이라고 합니다. 이미지 인식이나 문자 인식, 다양한 예측 등 일상생활 가까운 곳에서 많이 사용됩니다. 또한, '문제와 답을 넘겨주고 학습시키는' 방식이므로 초보자가 상상하기 쉽습니다. 그러므로, 이 책에서는 '지도 학습'을 중심으로 설명해 갑니다.

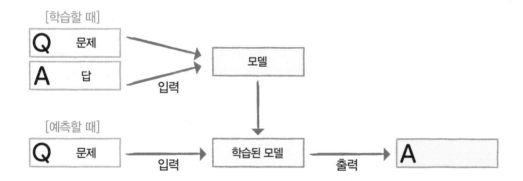

비지도 학습

비지도 학습은 '데이터를 정리하는 학습 방법'입니다. 문제만 주고 답은 주지 않습니다. '정답(훈련 데이터)' 없이 학습하기 때문에 '비지도 학습'이라고 합니다. 비지도 학습은 '답을 찾을 때'가 아니라 '많은 데이터를 정리할 때' 사용합니다.

많은 데이터를 그룹으로 분류해 정리하는 것을 '클러스터링'이라고 하고, 복잡한 데이터의 특징을 간결하게 추려내는 것을 '차원 축소'라고 합니다.

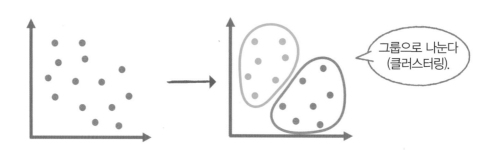

그룹으로 나눈다
(클러스터링).

강화 학습

강화 학습은 경험을 통해서 잘하게 되는 학습 방법입니다. 일단 여러 가지 시도해 보고 좋은 결과가 나왔을 때 보상을 주어 강화해 나갑니다. 단 하나의 답을 찾는 것이 아니라 더 나은 방법을 찾아내기 위한 방법입니다. 로봇 제어나 장기, 바둑 등에서 사용됩니다.

 # 데이터 분석과 머신러닝의 차이

 다솜 양. 머신러닝 방법이 뭔가 데이터 분석과 비슷하지 않니?

그러게요~. 데이터를 많이 넘겨주고, 컴퓨터가 뭔가를 하는 것이니 비슷한 느낌이 들어요.

머신러닝은 데이터 분석의 연장선에 있어. 결국, 『Python 2학년』에서 했던 데이터 수집과 데이터 분석은 머신러닝을 위한 사전 준비였던 거지.

세상에! 제가 어느새 머신러닝을 준비하고 있었네요!

'데이터를 많이 넘겨주고 컴퓨터가 뭔가를 한다'라는 점에서 데이터 분석과 머신러닝은 닮았습니다. 하지만, 그 '목적'에 차이가 있습니다. 각각의 목적에 관해서 생각해 봅시다.

'데이터 분석'은 많은 데이터를 보고 '이들 데이터에는 어떤 특징이 있고, 어떤 경향이 있을까?'라고 생각하거나 설명하는 것이 목적입니다.

데이터가 너무 많으면 그대로는 이해하기가 어려우므로, '전체를 하나의 값으로 표현하면 이렇게 됩니다.'하고 설명하는 방법을 사용합니다. 그것이 평균값과 중앙값 등 대푯값을 이용하는 방법입니다. 하지만 대푯값으로 정리해버리면, 전체적인 특징을 잘 파악할 수 없습니다. '전체적으로 데이터가 얼마나 흩어져 있는지 수치로 표현하면 이렇게 된다.'라고 설명하는 것이 분산과 표준편차입니다. 또한, '전체에서 이 값이 평범한 것인지 특이한 것인지' 설명할 때는 자연스러운 분포를 나타내는 정규분포를 이용합니다. 정규분포의 한 가운데에 있으면 보통 값, 끝에 있으면 특이 값으로 설명할 수 있습니다.

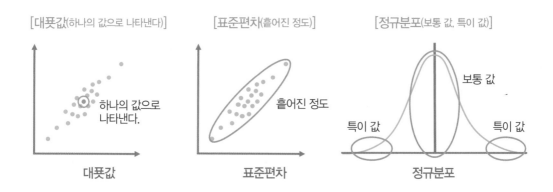

[대푯값(하나의 값으로 나타낸다)] [표준편차(흩어진 정도)] [정규분포(보통 값, 특이 값)]

하나의 값으로 나타낸다. 흩어진 정도 보통 값 특이 값 특이 값

대푯값 표준편차 정규분포

반면에 '머신러닝'은 많은 데이터로 학습을 한 뒤 '이 새로운 데이터 같은 경우는 이럴 거라고 예측할 수 있습니다.'라고 예측을 하는 것이 목적입니다.

예를 들어 '귤과 자몽 사진 데이터'를 학습시킨 후 사진을 보여주면 '이 사진은 귤입니다.'라고 그 사진에 있는 이미지를 예측합니다. 음성을 학습시키고 나서 말을 걸면, '내일 날씨는?'이라고 질문했다고 음성을 예측합니다. 바둑 규칙을 학습시킨 뒤 바둑 대결을 보여주면 '다음 수는 이겁니다.'라고 이기는 수를 예측합니다. 로봇에 자전거 타는 법을 학습시킨 뒤 로봇을 자전거에 태우면, '바로 핸들을 꺾는다. 다음은 페달을 조금 밟는다' 등 실시간으로 예측을 계속하면서 자전거를 컨트롤합니다.

즉, '지금까지는 이렇게 되어 있었습니다.'라고 과거를 설명하는 것이 데이터 분석이고, '새로운 데이터에서는 이럴 거라고 예측할 수 있습니다.'라고 미래를 예측하는 것이 바로 머신러닝입니다.

데이터 분석 ······ 과거를 설명하는 것이 목적   머신러닝 ······ 미래를 예측하는 것이 목적

과거 미래

LESSON

02

나눈다는 것은
이해한다는 것

머신러닝은 현실 세계를 어떻게 이해하고 예측하는 것일까요? 인간의 사고
방식과 어떤 차이가 있는지 살펴봅시다.

머신러닝은 정말 다양한 종류가 있어. 예를 들어, 지도 학습에도
'회귀'와 '분류'가 있지.

까다롭네요-. 나는 하나면 되는데.

다양한 종류가 있다는 말은 그만큼 쓰임새가 많다는 거지. 예를
들면, '회귀'는 '연속적으로 변화하는 수치를 예측할 때'에 사용
할 수 있어.

어? '회귀'라면 '데이터 분석의 구조'에서도 나왔지요?

맞아. '데이터 분석의 구조'에 나온 선형 회귀에서는 산포도 상에
직선을 그려서 '이 데이터에는 이러한 경향이 있다.'고 설명했지.
이걸 이용해 '어떤 값일 때는 어떻게 될 거'라고 머신러닝 예측
에도 쓸 수 있는 거야.

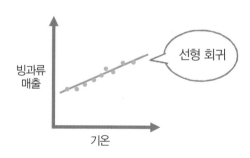

선형 회귀

빙과류
매출

기온

같은 처리를 데이터 분석에도 사용하고 머신러닝에도 사용하는 군요.

목적이 다른 거야. 반면에 '분류'는 '이미 학습한 어느 분류에 들어맞는지 예측할 때'에 사용하지.

좀 더 쉽게 설명해주세요.

예를 들어, '귤과 자몽 사진'을 학습시킨다고 하자. 그런 다음 '다른 사진'을 보여주고, 그 사진이 귤인지 자몽인지 예측하게 하는 것이 분류야.

'이것은 ○○다!'라고 말할 때 사용하는 게 분류군요.

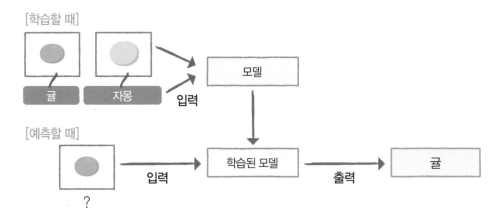

그 밖에도 비지도 학습의 '클러스터링'이라는 머신러닝이 있는데, 이건 예측이 아니야. 많은 데이터를 그룹으로 나누는 용도로 쓰는 것이지.

클러스터링

머신러닝의 용도 차이

회귀	어떤 값과 관련된 값이 어떤 수치가 될지 예측할 때
분류	어떤 데이터가 어느 분류에 들어맞는지 예측할 때
클러스터링	많은 데이터를 그룹으로 나눌 때

박사님. '수치를 예측'하는 건 뭔가 인공지능 같아 보이지만, 단순히 분류하거나 그룹화만 하는 게 어째서 인공지능인가요?

좋은 점을 지적했어. 사실, '나눈다는 것은 이해한다는 것'이기 때문이야.

네?

우선, 우리가 하는 지적 활동을 생각해 보자. 우리가 '알았다!'라고 생각했을 때, 머릿속에서는 무슨 일이 일어나고 있을까? 그때 머릿속에서는 '지식을 분류'하고 있는 거야.

우리 머릿속이요?

다솜 양은 태어나서 처음 얻은 지식이 무엇인지 기억하고 있어?

참, 그런 걸 어떻게 기억해요.

아마도 그건 '엄마 얼굴'일 거야.

아! 확실히 그렇겠어요.

아기는 모르는 사람의 얼굴이 다가오면 울지만, 엄마 얼굴이 다가오면 안심하지. 결국, 지금 보고 있는 것이 엄마인지 아닌지 제대로 나누어서 구별하고 있는 거야. 이게 지식의 시작이지.

제가 그렇게 어릴 적부터 지적 활동을 하고 있었군요!

커서도 기본적으로 똑같은 지적 활동이 이루어져. 교과서 내용을 이해하지 못한 채 그냥 통째로 암기했을 때는 기억한 정보와 다른 정보가 왜 다른지 확실하게 설명할 수 없어. 결국, 잘 모르는 상태지. '이건 귤이다. 하지만, 저건 ○○니까 귤이 아니다.'라고 차이를 분명하게 구별할 수 있게 됐을 때 비로소 '이해한다'라고 말할 수 있는 거야.

차이를 확실하게 구별할 수 있게 됐을 때 '이해하고 있다'는 거네요.

그렇지. 자기 안에 'A와 B를 확실히 판단해서 나누는 기준이 생겼을 때' 이해할 수 있다는 것이지.

그렇군요~.

이건 한자에도 드러나 있어. '차이를 판단해 나누는 것이 이해'라고 했잖아. 여기서 판단과 이해에서 '판(判)'과 '해(解)'에는 시비를 나눠 분명히 한다, 조각조각 나눈다는 뜻이 들어 있어.

모두 나눈다는 뜻이네요!

다시 말해, 데이터를 분류하거나 나누는 일은 '우리가 대상을 이해하는 지적 활동과 닮았다.'는 거야.

'이해한다'는 건 꽤 심오하네요~.

머신러닝 알고리즘으로 하는 것은 '선을 그리는 일'

박사님. 사람이라면 머리로 여러 가지 고려해서 '예측'이나 '분류'를 할 수 있겠지만, 머신러닝에서는 어떻게 하는 건가요?

사실은 머신러닝은 우리와 똑같은 방식으로 생각하는 건 아니야. '선을 그리는 방식'으로 생각하지.

네? 선을 그려요?

예를 들어, 상관이 강한 데이터를 산포도로 나타내면 점이 늘어선 것처럼 보여. 여기에 '선을 잘 그린 것'이 회귀야. 이 '선'을 이용하면 새로운 값에서 어떻게 될지 '예측'할 수 있지.

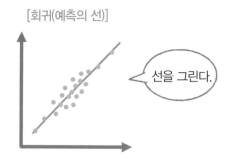

[회귀(예측의 선)]

선을 그린다.

그렇구나. 정말 선이네요.

사람은 선을 그릴 때 '대개 이 부근이겠지.'하고 적당히 선을 그리지만, 컴퓨터는 '가장 오차가 적어지는 선'을 찾아낼 수 있어.

아하! 더 똑똑하게 선을 그릴 수 있다는 거군요. 그럼 '분류'는요?

이것도 그림으로 그려보면 이해하기 쉬울 거야. 예를 들어 A와 B 두 그룹의 데이터를 산포도로 하면 두 개의 덩어리가 보여. 이 두 덩어리가 '잘 나누어질 수 있게 경계선을 그은 것'이 분류야. 이 '경계선'을 활용하면 새로운 값이 어느 쪽으로 분류되는지 알아볼 수 있지.

[분류, 클러스터링(분류의 경계선)]

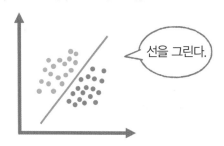

선을 그린다.

와-! 경계가 선이 되네요-!

사람이라면 '대개 이 부근이겠지.'하고 적당히 선을 그리지만, 컴퓨터의 경우는 발견한 법칙성에 따라 최적의 선'을 그릴 수 있어.

법칙성이요?

머신러닝 알고리즘이라고 하는데, 이 알고리즘에 관해서는 4장에서 설명할게.

기대되네요

선이 아주 중요해. 회귀이든 분류이든 '선을 얼마나 잘 그릴 수 있는가?'가 예측이나 분류의 정확도로 이어지거든.

그렇네요. 선을 잘 그리지 못하면 예측을 잘할 수 없겠어요.

선을 잘 그릴 수 없다는 것은 '확실하게 이해하지 못한 상태'이고, 선을 잘 그릴 수 있는 것은 '확실하게 이해한 상태'이지. 결국 머신러닝에서는 선이 이해의 본질인 거야.

하지만 절대로 틀리지 않는 선을 그릴 수 있나요?

좋은 질문이야. 어디까지나 학습 데이터에 의해서 구해지는 선이기 때문에, 좋은 학습을 하면 확률적으로 실수가 일어나기 어렵지만, 절대로 틀리지 않는 건 아니야. 확률은 낮지만 틀릴 수도 있어.

예? 그럼 안 되잖아요. 쓸 수 없겠어요.

사람도 실수할 때가 있잖아. 더구나 피곤하면 실수가 늘어나. 하지만 머신러닝은 인간과 동등하거나 그 이상의 정답률로 지치지 않고 계속해서 일해주지.

그렇구나. 그렇게 생각하면 우리 대신에 일해 주는 거네요. 음성인식이 잘못 알아들어도 웃으면서 용서해줘야지.

잘 나누기 위해서는 의미가 있는 특징량이 중요하다

머신러닝을 하려면, 우선 현실 세계에 있는 사물의 성질이나 상황을 데이터화해서 컴퓨터에 집어넣는 것부터 시작합니다. 이 '현실 세계의 성질이나 상황을 측정할 수 있는 데이터'를 '특징량'이라고 합니다.

예를 들어, 꽃과 관련된 데이터를 넣는다면 꽃 크기, 꽃잎 색, 꽃잎 폭, 꽃잎 길이 등 측정할 수 있는 특징을 데이터화합니다. 측정해서 가져올 수 있는 특징의 양이므로 '특징량'이라고 합니다.

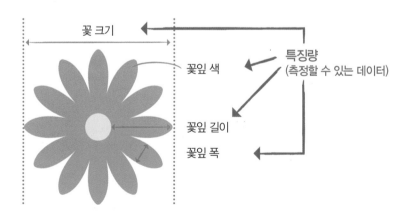

그러나 이 특징량에는 예측에 중요한 것도 있지만, 예측에 의미가 없는 것도 있습니다. 의미가 없는 특징량을 아무리 학습해 봐야 학습이 잘될 리 없습니다. 얼마나 의미 있는 특징량을 사용하느냐가 학습에는 중요합니다.

예측에 있어서 의미 있는 특징량, 즉 예측 근거가 되는 것을 '설명 변수'라고 합니다. 그리고 예측되는 결과를 목적 변수라고 합니다.

머신러닝에서는 이 설명 변수와 목적 변수를 사용해서 학습하거나 예측합니다(그다지 구분하지 않고 설명 변수를 '특징량'이라고 부르기도 합니다).

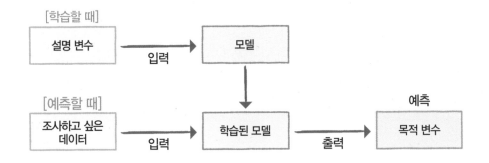

학습할 때 설명 변수를 몇 개 사용하느냐에 따라 예측 정확도가 달라집니다.

단순한 데이터라면 1개의 설명 변수만으로 예측할 수 있겠지만, 복잡한 데이터라면 1개로는 제대로 예측할 수 없는 경우가 있습니다. 그럴 때 설명 변수를 두 개 세 개로 늘려 예측 정확도를 높이는 것을 고려합니다. 다만, 설명 변수를 늘리면 그만큼 필요한 데이터가 증가하므로 균형을 맞추는 게 중요합니다.

설명 변수를 몇 개 사용하는지를 "차원"이라고도 합니다. 설명 변수를 1개 쓴다면 '1차원', 2개를 쓴다면 '2차원', 3개를 쓴다면 '3차원'입니다.

LESSON
03

머신러닝을 준비하자

머신러닝은 Colab Notebook이나 Jupyter Notebook을 사용하면 조금씩 시도해보면서 실행할 수 있어 편리합니다. 학습 환경을 준비해 봅시다.

박사님, 인공지능을 만들려면 어떤 준비가 필요한가요?

데이터를 조금씩 차례대로 처리하면서 진행하고 싶으니까, 데이터 분석에서 자주 사용하는 Jupyter Notebook(주피터 노트북)이 있으면 좋겠군.

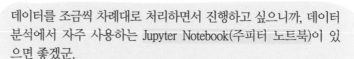

얼마 전에 컴퓨터를 새로 바꿨는데 또 설치해야겠어요.

컴퓨터를 바꿔도 계속해서 쓸 수 있는 방법도 있어. 'Google Colaboratory(구글 코래버러토리, 줄여서 구글 코랩(Colab))'라는 Google 버전 Jupyter Notebook이 있는데, Google 계정이 있으면 바로 사용할 수 있지.

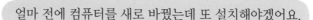

그런 게 있었군요!

약간 차이는 있지만, 대부분 동일하게 사용할 수 있어. 이 책에서는 양쪽에서 다 사용할 수 있는 프로그램으로 설명할 거야. Colaboratory는 그래프 안에 한글을 표시할 수 없는 게 아쉽지만, 앱을 따로 설치할 필요가 없고 라이브러리 설치도 거의 필요 없기 때문에 바로 시작할 수 있는 게 장점이야.

좋네요! Colaboratory로 해볼까요.

프로그램을 입력하고 실행하는 페이지를 Colab Notebook(코랩 노트북)이라고 해. 그럼 Colab Notebook과 Jupyter Notebook에 관해서 설명해 줄게.

둘 다 노트북이네요.

Colab Notebook이나 Jupyter Notebook은 프로그램을 작성해서 실행하면, 실행 결과가 바로 아래에 표시됩니다. 텍스트로 메모를 추가할 수도 있기 때문에 실행하는 모습을 노트처럼 기록해 남길 수 있는 시스템입니다. 입력이나 표시에는 '브라우저'를 사용합니다.

※ 이 책에서는 Colab Notebook을 중심으로 설명합니다. 하지만 『Python 2학년 데이터 분석 구조』를 읽고, 이미 Jupyter Notebook 환경이 구축된 사람은 Jupyter Notebook을 사용해도 됩니다. 그런 경우는 40페이지 'Jupyter Notebook에 라이브러리 설치하기'로 넘어가세요.

※ 구글 Colaboratory는 무료 버전과 유료 버전이 있습니다. 유료 버전은 본격적으로 데이터를 다룰 수 있도록 실행 시간이 길고 사용할 수 있는 메모리도 많지만, 학습용으로 사용하기에는 무료 버전도 문제없습니다.

🌰 Colab Notebook 준비하기

구글 Colaboratory(Colab Notebook)를 사용하려면 구글 계정이 필요합니다.

우선 구글 계정을 만드세요. 사용하는 브라우저로는 Chrome을 권장하지만, Safari나 Firefox에서도 일단 동작하는 것 같습니다. 저장한 데이터는 클라우드 상의 구글 드라이브에 저장되므로 같은 구글 계정으로 로그인하면 다른 PC나 아이패드 등에서 이어서 작업할 수도 있습니다.

① Google Colaboratory에 접속한다

브라우저(Chrome, Safari, Firefox)에서 다음 주소로 접속하세요.

URL **https://colab.research.google.com/**

노트북 대화상자가 나타납니다. 이곳에서 ❶ '새 노트'를 클릭하여 노트북을 새로 만들거나 ❷ 이전에 만들었던 노트북을 열 수 있습니다.

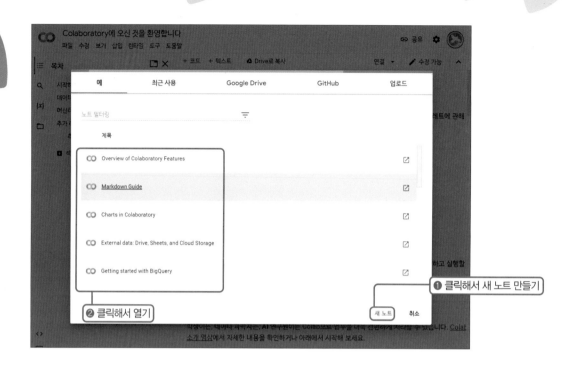

구글 계정으로 로그인하지 않은 경우 'Colaboratory에 오신 것을 환영합니다'라는 노트북이 표시됩니다. 오른쪽 위 ❶ [로그인] 버튼을 클릭하여 로그인하세요.

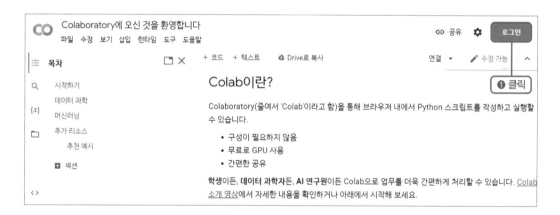

② 노트북 파일을 새로 만든다

노트북 대화 상자 아래의 '새 노트'를 클릭하면 새로운 노트북이 생성되어 표시됩니다.

③ 노트북의 파일 이름을 변경한다

화면 왼쪽 위에 보이는 Untitled1.ipynb가 노트북의 파일 이름입니다. ❶ 클릭하면 변경할 수 있으므로, MLtest1.ipynb 등 알기 쉬운 이름으로 변경합시다.

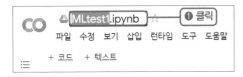

이상으로 준비는 끝났습니다.

Google Colaboratory(Colab Notebook)에는 이 책에서 사용하는 라이브러리(pandas, numpy, matplotlib, seaborn, scipy, scikit-learn)가 이미 설치되어 있으므로, 그대로 바로 사용할 수 있습니다. 47 페이지의 '노트북의 기본 사용법'으로 넘어가세요.

설치된 라이브러리를 확인하고 싶을 때는 셀에 '!pip list'라고 입력하고 실행하세요.

Python 환경의 차이

Python 환경	특징
IDLE	Python을 간편하게 시험해 볼 수 있는 앱. Python을 설치하면 함께 설치되는 Python의 부속 앱. 작은 프로그램 파일을 만들어 실행하기에 적합하다.
Jupyter Notebook	Anaconda(34~46페이지 참조)를 설치하고, 브라우저상에서 Python을 실행할 수 있는 시스템. 데이터 분석과 인공지능 등의 개발에 적합하다. 컴퓨터에 설치되므로 오프라인에서도 사용할 수 있다.
Google Colaboratory (Colab Notebook)	구글 계정으로 로그인하여 브라우저에서 Python을 실행할 수 있는 시스템. 설치하지 않고 사용할 수 있다. 데이터 분석과 인공지능 등의 개발에 적합하다. Google 계정으로 로그인하면, 다른 컴퓨터나 iPad 등에서 이어서 개발할 수도 있다. 클라우드상에서 동작하는 시스템이므로 네트워크에 연결되어 있어야 한다.

Windows에 Jupyter Notebook 설치하기

Jupyter Notebook은 Anaconda Navigator에서 시작되어 동작합니다. 그러므로 Anaconda Navigator를 Windows에 설치합시다. 다음과 같은 순서로 실시합니다.

① Anaconda 설치 프로그램을 다운로드한다

먼저 Anaconda 사이트에서 설치 프로그램을 다운로드합니다.

Windows에서 다운로드 페이지에 접속하여 ❶ 아래로 스크롤하고, 'Windows', 'Python 3.x'에서 ❷ 'Graphical Installer'를 클릭합니다. '64–Bit' 버전과 '32–Bit' 버전 중 어떤 버전을 설치할 것인지는 윈도의 '시작' → '설정' → '시스템' → '정보'에서 '시스템 종류'를 확인하세요.

[Anaconda 다운로드 페이지]

URL https://www.anaconda.com/products/individual

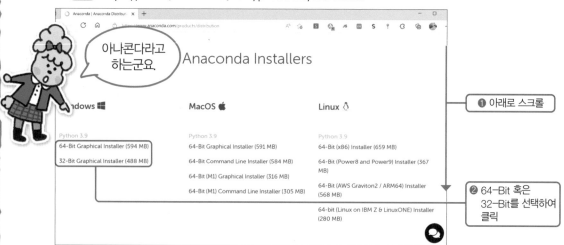

※ 브라우저는 Microsoft Edge를 이용했습니다.

② 설치 프로그램을 실행한다

다운로드가 완료되면 ❶ '파일 열기'를 클릭하고 설치 프로그램 ❷ 'Anaconda3-20xx.xx-Windows-x86_64(또는 x86).exe'를 더블 클릭하여 실행합니다.

※ 설치 프로그램의 xx 부분은 버전에 따라 다릅니다.

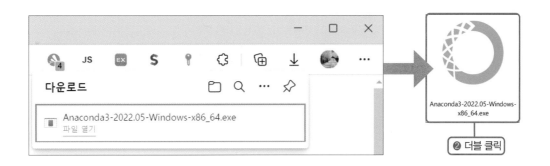

③ 설치 프로그램의 항목을 체크한다

설치 프로그램의 실행 화면이 나타납니다. 각 화면의 ❶ [Next >] ❷ [I Agree] ❸ [Next >] ❹ [Next >]
❺ [Install] 각 버튼을 클릭해서 설치를 진행합니다.

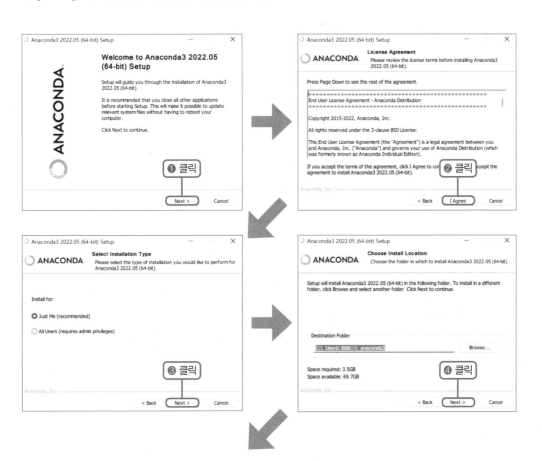

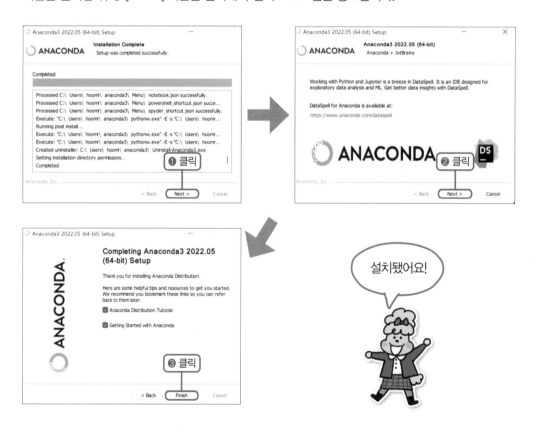

④ 설치 프로그램을 종료한다

설치가 완료되면 'Installation Complete'라고 표시됩니다. ❶ [Next >] 버튼을 클릭하고 ❷ [Next >] 버튼을 클릭한 뒤 ❸ [Finish] 버튼을 클릭해서 설치 프로그램을 종료합시다.

macOS에 Jupyter Notebook 설치하기

Jupyter Notebook은 Anaconda Navigator에서 시작되어 동작합니다. 그러므로 Anaconda Navigator를 macOS에 설치합시다. 다음과 같은 순서로 실시합니다.

① Anaconda 설치 프로그램을 다운로드한다

먼저 Anaconda 사이트에서 설치 프로그램을 다운로드합니다.

macOS에서 다운로드 페이지에 접속하여 ❶ 아래로 스크롤하고, 'macOS', 'Python 3.x'에서 ❷ '64-Bit Graphical Installer'를 클릭합니다.

[Anaconda 다운로드 페이지]

URL **https://www.anaconda.com/products/individual**

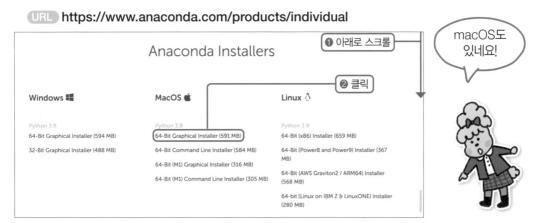

※ 브라우저는 Safari를 이용했습니다.

② 설치 프로그램을 실행한다

다운로드한 설치 프로그램 ❶ 'Anaconda3-20xx.xx-MacOSX-x86_64.pkg'를 더블 클릭해 실행합시다.

※ 설치 프로그램의 xx 부분은 버전에 따라 다릅니다.

③ 설치를 진행한다

'소개' '읽어보기' '사용권 계약' 화면에서 ❶❷❸ [계속] 버튼을 클릭하고 동의 대화상자에서 ❹ [동의]
버튼을 클릭합니다. ❺ [계속] 버튼을 클릭합니다.

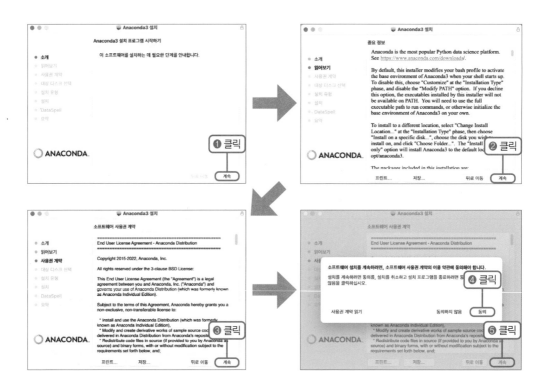

④ macOS에 설치한다

❶ '사용자 본인 전용으로 설치'를 선택하고 ❷ [계속] 버튼을 클릭합니다. ❸ [설치] 버튼을 클릭하고
❹ 사용자 이름과 암호를 입력한 후, ❺ [소프트웨어 설치] 버튼을 클릭하여 설치를 진행합니다.

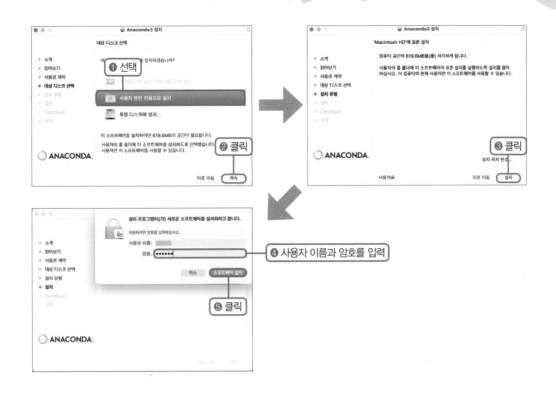

④ 사용자 이름과 암호를 입력

⑤ 클릭

⑤ 설치 프로그램을 종료한다

잠시 후 DataSpell 화면이 나타납니다. ❶ [계속] 버튼을 클릭하면, '설치가 성공적으로 완료되었습니다.' 라고 표시됩니다. ❷ [닫기] 버튼을 클릭하여 설치 프로그램을 종료합니다.

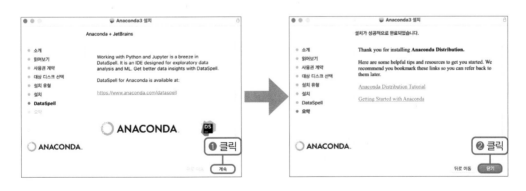

❶ 클릭

❷ 클릭

Jupyter Notebook에 라이브러리를 설치한다

Jupyter Notebook 환경이 준비된 사람은 Jupyter Notebook의 Anaconda Navigator에 라이브러리를 수동으로 설치하여 사용합니다. 이 책에서는 pandas, numpy, matplotlib, seaborn, scipy, scikit-learn 라이브러리를 사용하므로 미리 설치해 둡시다(이미 설치가 된 사람은 47페이지의 '노트북의 기본 사용법'으로 진행해 주세요).

① Environments를 선택한다

우선, Anaconda Navigator에서 ❶ 'Environments'를 선택합니다.

※ 이 책에서는 'base(root)' 환경에 라이브러리를 설치합니다.

② pandas를 설치한다

❶ 'All'을 선택한 다음 ❷ 검색창에 'pandas'를 입력하면 'pandas' 항목이 표시됩니다. ❸ 'pandas'에 체크하고 오른쪽 아래 ❹ [Apply] 버튼을 클릭합니다. 확인 대화상자가 나타나면 ❺ [Apply] 버튼을 클릭하여 설치합니다.

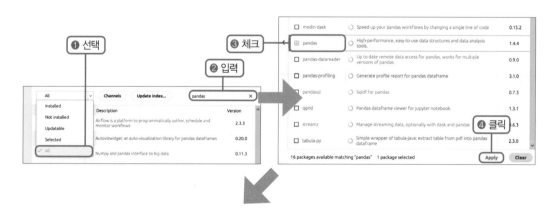

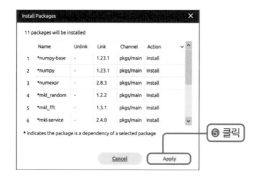

⑤ 클릭

③ numpy를 설치한다

마찬가지로 검색창에 'numpy'를 입력하고, 'numpy'에 체크한 후 [Apply] 버튼을 클릭하여 설치합니다.

| ⬇ numpy | ◯ Array processing for numbers, strings, records, and objects. | 1.9.3 |

④ matplotlib를 설치한다

마찬가지로 검색창에 'matplotlib'를 입력하고, 'matplotlib'에 체크한 후 [Apply] 버튼을 클릭히여 설치합니다.

| ⬇ matplotlib | ◯ Publication quality figures in python | 3.5.2 |

⑤ seaborn을 설치한다

마찬가지로 검색창에 'seaborn'을 입력하고, 'seaborn'에 체크한 후 [Apply] 버튼을 클릭하여 설치합니다.

| ⬇ seaborn | ◯ Statistical data visualization | 0.9.0 |

⑥ scipy를 설치한다

마찬가지로 검색창에 'scipy'를 입력하고, 'scipy'에 체크한 후 [Apply] 버튼을 클릭하여 설치합니다.

☑ scipy	○ Scientific library for python	1.7.3

⑦ scikit-learn을 설치한다

마찬가지로 검색창에 'scikit-learn'을 입력하고, 'scikit-learn'에 체크한 후 [Apply] 버튼을 클릭하여 설치합니다.

☑ scikit-learn	○ A set of python modules for machine learning and data mining	1.1.1

scikit-learn은 머신러닝을 배울 때 편리하게 쓸 수 있는 라이브러리야. 처음 머신러닝을 접하는 사람을 위해서 친절하게 만들어져 있지. 머신러닝에 사용할 수 있는 샘플 데이터세트나 알고리즘이 여러 가지 들어 있지. 게다가 가공의 샘플 데이터를 만들어 낼 수도 있어.

Jupyter Notebook 실행하기

Jupyter Notebook을 사용하려면, 우선 Anaconda Navigator를 실행한 후 그곳에서부터 시작해야
합니다.

①-1 Windows에서는 시작 메뉴에서 시작한다

❶ 시작 버튼 → ❷ Anaconda3 → ❸ Anaconda Navigator를 차례로 클릭하여 선택합니다.

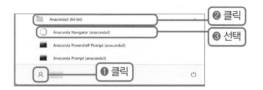

①-2 macOS에서는 '응용 프로그램' 폴더에서 시작한다

'응용 프로그램' 폴더 안에 있는 ❶ 'Anaconda-Navigator'를 더블 클릭합니다.

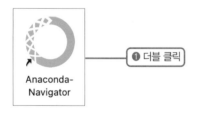

② Jupyter Notebook을 실행한다

Anaconda Navigator가 시작되면, ❶ 'Home'이 선택되어 있는 것을 확인하고 Jupyter Notebook의
❷ [Launch] 버튼을 클릭합니다. 그러면 '브라우저'※가 실행되고 Jupyter Notebook 화면이 나타납니다.

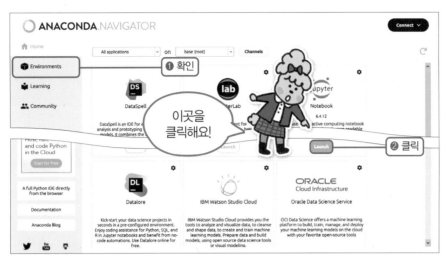

※ 기본으로 설정된 브라우저가 실행됩니다. 이 책에서는 Windows(윈도우)의 경우 Microsoft Edge
(마이크로소프트 엣지)를 이용하고, macOS(맥OS)의 경우 Safari(사파리)를 이용합니다.

③ 작업할 폴더를 선택한다

Jupyter Notebook 화면에는 이용 중인 컴퓨터의 사용자 폴더가 표시됩니다.

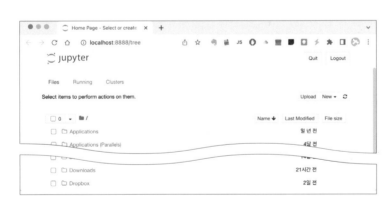

전용 폴더를 만들고 그곳에 파일을 만들어 갑시다. 이미 사용하는 폴더가 있는 경우는 그 폴더를 선택
해 주세요. Jupyter Notebook 상에서도 폴더를 만들 수 있습니다. 오른쪽 상단의 ❶ [New▼] 메뉴에서
❷ 'Folder'를 선택하면, 'Untitled Folder'라는 이름의 폴더가 만들어집니다.

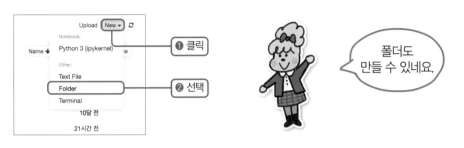

폴더 이름을 변경하고 싶으면 'Untitled Folder'의 왼쪽 ❸ 체크박스를 클릭하여 체크 표시하고, 왼쪽 상단에 있는 ❹ [Rename]을 클릭하세요. 대화상자가 나타나면, 폴더 이름을 ❺ JupyterNotebook 등 알기 쉬운 이름으로 변경합니다. 이름을 변경했으면, ❻ [Rename]을 클릭합니다.

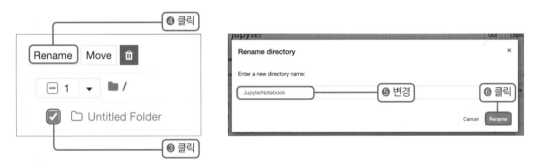

만들어진 ❼ 폴더 이름을 클릭하면, ❽ 브라우저 상에서 폴더가 열립니다.

④ Python 3 새 노트북을 만든다

폴더 안은 텅 비어 있으므로 새로 Python 노트북을 만들어 봅시다.

오른쪽 위 ❶ [New▼] 메뉴에서 ❷ [Python 3]을 선택하면, ❸ Python 3 새 노트북이 만들어져 표시됩니다. 이 페이지에 프로그램을 작성합니다.

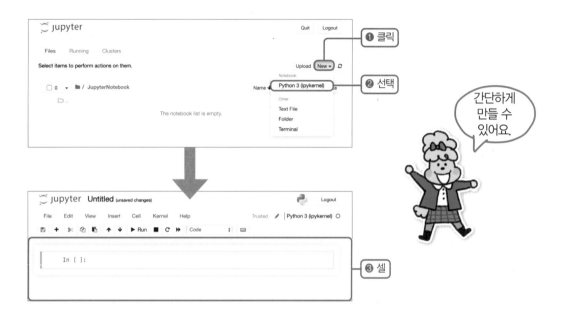

새로 만든 노트북의 이름은 'Untitled'로 되어 있습니다. 파일 이름을 변경하고 싶을 때는 화면 상단의 ❶ 'Untitled'를 클릭하면 나타나는 대화상자에서 ❷ 변경합시다. 여기에서는 'MLtest1'로 변경했습니다. 변경을 마쳤으면 ❸ [Rename]을 클릭합니다.

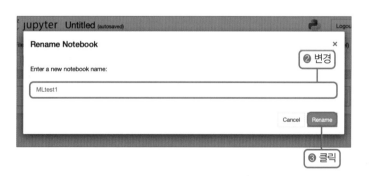

노트북 기본 사용법

LESSON
03

Colab Notebook과 Jupyter Notebook은 거의 같은 방식으로 사용할 수 있습니다. 기본적인 사용법을 이해합시다.

노트북에서는 '셀'이라는 사각형 프레임에 프로그램을 입력합니다. 실행하면 출력 결과가 셀 바로 아래에 표시됩니다. 이어지는 프로그램은 그 아래에 셀을 추가하여 입력할 수 있습니다. 긴 프로그램을 나누어 입력하고 실행해 나갈 수 있으므로, 데이터 분석이나 인공지능과 같은 '중간 경과를 확인하고 생각하면서 진행하고 싶은 처리'에 적합합니다.

① 셀에 프로그램을 입력한다

표시된 사각형 프레임이 '셀'입니다. 이곳에 Python 프로그램을 입력합니다. 리스트 1.1처럼 입력해 봅시다.

[입력 프로그램] 리스트 1.1

```python
print("Hello")
```

Colab Notebook

Jupyter Notebook

② 셀을 실행한다

❶ 셀 왼쪽에 있는 [실행 버튼]이나 ❶ [Run] 버튼을 클릭하면 '선택된 셀'이 실행되고, 바로 아래에 결과가 표시됩니다. 또는 [Ctrl] 키를 누른 상태에서 [Enter] 키를 눌러도 실행됩니다.

출력 결과

Colab Notebook

Jupyter Notebook

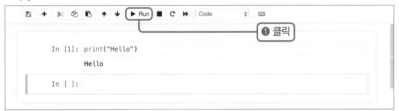

※ 셀 왼쪽이 [1]이나 In [1]로 바뀝니다. 이 번호는 '현재 페이지가 열리고 나서 셀이 몇 번째로 실행되었는지'를 나타내며 실행할 때마다 증가합니다.

※ Colab Notebook은 처음 실행 버튼을 클릭했을 때 조금 시간이 걸릴 수 있습니다.

③ 새로운 셀을 추가한다

❶ [+ 코드] 버튼이나 ❶ [+] 버튼을 클릭하면 새로운 셀이 아래에 추가됩니다.

Colab Notebook

Jupyter Notebook

❶ 클릭

④ 셀에 프로그램을 입력하고 실행한다

리스트 1.2의 그래프를 표시하는 프로그램을 입력하고, [Run] 버튼을 클릭하여 실행해 봅시다.

[입력 프로그램] 리스트 1.2

```python
%matplotlib inline
import matplotlib.pyplot as plt
plt.plot([0, 2, 1, 3])
plt.show()
```

출력 결과

Colab Notebook

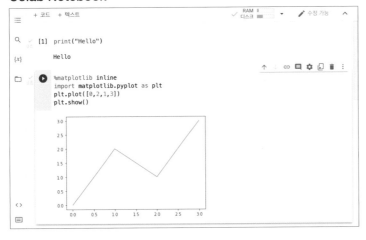

※ 1행의 %matplotlib inline은 Jupyter Notebook용 명령입니다. Colab Notebook에서는 필요 없지만, 있어도 문제는 없으므로 어느 쪽에서나 사용할 수 있도록 넣어 두었습니다.

Jupyter Notebook

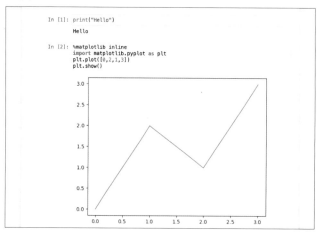

⑤ **노트북을 저장한다**

노트북을 저장하려면 파일 메뉴에서 ❶ '저장'을 선택합니다(Jupyter Notebook에서는 ❶ 'Save and Checkpoint'를 선택). 저장해 두면, 노트북 페이지를 닫아도 다음 번에 다시 이어서 할 수 있습니다.

Colab Notebook

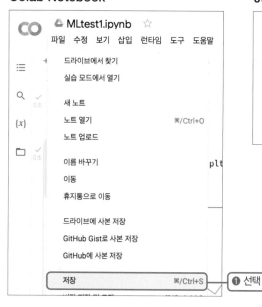

Jupyter Notebook

    노트북 파일, Colab Notebook은 구글 드라이브의 내 드라이브에 Colab Notebooks 폴더가 만들어지고 그 안에 저장됩니다. Jupyter Notebook의 저장 위치는 컴퓨터에서 자신이 지정한 폴더 안입니다. 저장되는 파일은 '.ipynb' 파일로, 기본적으로 Jupyter Notebook과 Colab Notebook에서 공통으로 사용할 수 있습니다. Colab Notebook에서 만든 파일을 Jupyter Notebook으로 가져가서 열 수도 있습니다.

'.ipynb' 파일은 Jupyter Notebook과
Colab Notebook 양쪽에서
사용할 수 있네요!

이 정도면 머신러닝을 실행할
환경 준비는 다 끝난 건가?
준비됐으면 다음 장으로 가보자!

준비 끝!

제 2 장

샘플 데이터를 준비해 보자

2장에서 할 일

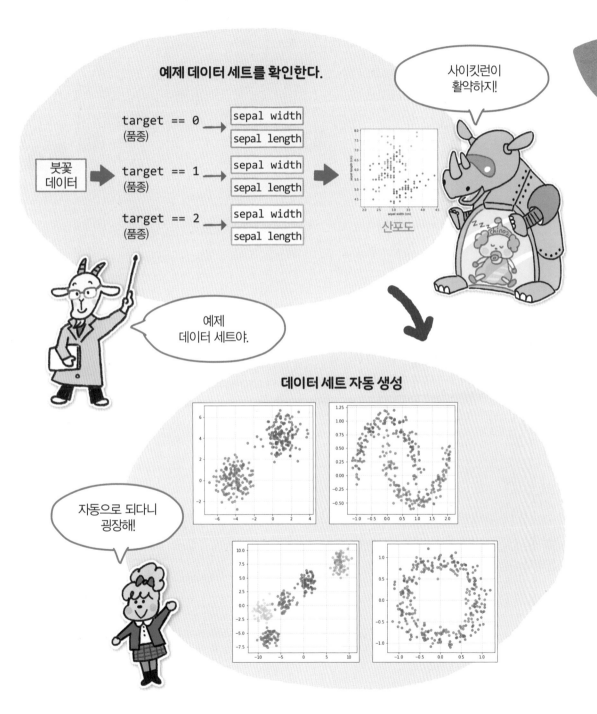

예제 데이터 세트를 확인한다.

target == 0 (품종) → sepal width / sepal length

target == 1 (품종) → sepal width / sepal length

target == 2 (품종) → sepal width / sepal length

산포도

사이킷런이 활약하지!

예제 데이터 세트야.

데이터 세트 자동 생성

자동으로 되다니 굉장해!

scikit-learn 샘플 데이터 세트

scikit-learn은 머신러닝을 쉽게 학습할 수 있는 라이브러리입니다. 다양한 샘플 데이터 세트가 포함되어 있습니다.

다음은 머신러닝에 사용할 데이터가 어떤 것이 있는지 알아볼 거야. 라이브러리에 들어 있는 머신러닝용 샘플 데이터 세트를 살펴보자.

샘플 데이터 세트요?

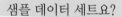
scikit-learn 라이브러리에는 여러 가지 머신러닝 샘플 데이터 세트와 알고리즘이 들어 있어. 게다가 가공의 샘플 데이터를 만들어 낼 수도 있지.

더할 나위가 없네요.

우선 어떤 데이터 세트가 있는지 알아보자.

scikit-learn에는 '보스턴 주택 가격'이나 '붓꽃 품종' 등 다양한 샘플 데이터 세트가 준비되어 있습니다. 어떤 데이터이든시 '변수 = load_무엇무엇( )'이라고 실행하기만 하면, 데이터 세트를 지정한 변수로 불러와 사용할 수 있습니다.

샘플 데이터 세트의 종류

내용	로드 명령	내용	로드 명령
보스턴 주택 가격	load_boston( )	와인 종류	load_wine( )
붓꽃 품종	load_iris( )	운동능력 데이터 세트	load_linnerud( )
손글씨 숫자 데이터	load_digits( )	당뇨병 진행 상황	load_diabetes( )
		유방암 음성/양성	load_breast_cancer( )

붓꽃 품종 데이터 세트

이 중 '붓꽃 품종'의 데이터 세트를 살펴보겠습니다. 이 데이터 세트에는 '붓꽃의 여러 특징량'이나 '그 붓꽃이 어느 품종인가'와 같은 다양한 데이터가 모여 있습니다. 이 꽃받침이나 꽃잎의 길이, 폭 등 붓꽃의 특징량(설명 변수)'을 사용해서 '붓꽃 품종(목적 변수)'을 예측하는 머신러닝에 사용할 수 있습니다.

LESSON
04

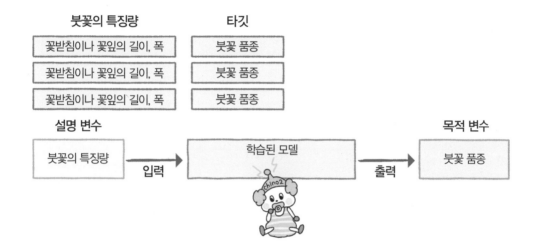

① 새 노트북을 만든다

먼저 이 장의 프로그램을 작성할 노트북을 준비합시다.

Colab Notebook의 경우, 처음에 나오는 대화 상자에서 '새 노트'를 클릭하거나 파일 메뉴에서 '새 노트'를 선택합니다(Jupyter Notebook의 경우, 오른쪽 상단 [New▼] 메뉴에서 'Python 3'을 선택합니다). ❶ 왼쪽 상단의 파일 이름을 'MLtest2.ipynb' 등으로 변경합시다.

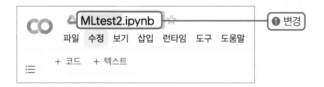

(2) **데이터 세트를 불러와서 그대로 표시한다**

먼저 데이터 세트를 불러와서 그대로 표시해 봅시다(리스트 2.1). sklearn(Python으로 불러올 때 scikit-learn 라이브러리의 이름입니다) 안에서 datasets를 꺼내 사용하므로, 1행에 `from sklearn import datasets`라고 써서 Import 합니다. 2행에선 iris 데이터를 불러오고 3행에서 그대로 표시합니다.

[입력 프로그램] 리스트 2.1

```
from sklearn import datasets ················ sklearn의 datasets 임포트
iris = datasets.load_iris() ················ iris(붓꽃) 데이터 로드
print(iris) ················ 표시한다
```

출력 결과

```
{'data': array([[5.1, 3.5, 1.4, 0.2],
       [4.9, 3. , 1.4, 0.2],
       [4.7, 3.2, 1.3, 0.2],
       [4.6, 3.1, 1.5, 0.2],
       [5. , 3.6, 1.4, 0.2],
       [5.4, 3.9, 1.7, 0.4],
          …(생략)…
       [6.2, 3.4, 5.4, 2.3],
       [5.9, 3. , 5.1, 1.8]]), 'target': array([0, 0, 0, 0, 0, 0, 0, 0, 0, 0, 0, 0, 0,
    0, 0, 0, 0, 0, 0, 0, 0, 0, 0, 0, 0, 0, 0, 0, 0, 0, 0, 0, 0, 0, 0, 0, 0, 0,
    0, 0, 0, 0, 0, 0, 0, 1, 1, 1, 1, 1, 1, 1, 1, 1, 1, 1, 1, 1, 1, 1, 1, 1,
    1, 1, 1, 1, 1, 1, 1, 1, 1, 1, 1, 1, 1, 1, 1, 1, 1, 1, 1, 1, 1, 1, 1, 1,
    1, 1, 1, 1, 1, 1, 1, 1, 1, 1, 1, 2, 2, 2, 2, 2, 2, 2, 2, 2, 2,
    2, 2, 2, 2, 2, 2, 2, 2, 2, 2, 2, 2, 2, 2, 2, 2, 2, 2, 2, 2, 2, 2,
    2, 2, 2, 2, 2, 2, 2, 2, 2, 2, 2, 2, 2, 2, 2, 2, 2, 2, 2]), 'frame': None, 'target_n
          …(생략)…
```

뭔가 복잡하네요.

데이터 세트이니까 안에 여러 가지 데이터가 들어 있는 거야.

붓꽃 데이터 세트

데이터 이름	내용
data	학습용 데이터
feature_names	특징량 이름
target	타깃 값(분류 값)
target_names	타깃 이름(분류 이름)
DESCR	이 데이터 세트에 관한 설명(영어)

이렇게나 다양한
데이터가 들어 있었군요.

③ 특징량과 분류 이름을 확인한다

이 데이터 세트에 붓꽃의 '어떤 종류의 특징량 데이터'가 들어 있고, '어떻게 분류되어 있는지' 살펴봅시다(리스트 2.2). 1~2행에 특징량 이름(feature_names)과 분류 이름(target_names)을 표시해 보겠습니다. 또한 3행에는 '각 데이터가 어느 분류인지(target)'도 표시해 봅시다. 0, 1, 2라는 번호로 들어 있습니다. 이 번호가 무엇을 뜻하는지는 target_names를 보면 알 수 있습니다.

0이면 setosa, 1이면 versicolor, 2이면 virginica입니다.

[입력 프로그램] 리스트 2.2

```
print("특징량 이름 =", iris.feature_names)
print("분류 이름 =", iris.target_names)
print("분류 값 =", iris.target)
```

출력 결과

```
특징량 이름= ['sepal length (cm)', 'sepal width (cm)', 'petal length (cm)', 'petal width (cm)']
분류 이름= ['setosa' 'versicolor' 'virginica']
분류 값= [0 0 0 0 0 0 0 0 0 0 0 0 0 0 0 0 0 0 0 0 0 0 0 0 0 0 0 0 0 0 0 0 0 0 0 0
 0 0 0 0 0 0 0 0 0 0 0 0 0 0 1 1 1 1 1 1 1 1 1 1 1 1 1 1 1 1 1 1 1 1 1 1 1 1
 1 1 1 1 1 1 1 1 1 1 1 1 1 1 1 1 1 1 1 1 1 1 1 1 1 1 2 2 2 2 2 2 2 2 2 2 2 2
 2 2 2 2 2 2 2 2 2 2 2 2 2 2 2 2 2 2 2 2 2 2 2 2 2 2 2 2 2 2 2 2 2 2 2 2 2 2
 2 2]
```

특징량 이름을 보면 sepal length(꽃받침 길이), sepal width (꽃받침 폭), petal length(꽃잎 길이), petal width(꽃잎 폭) 이라고 표시되었구나.

붓꽃의 네 가지 특징량 데이터가 들어있다는 거네요.

분류 이름은 setosa, versicolor, virginica로 되어 있네. 이 분류 이름이 데이터 세트에 들어있는 붓꽃의 품종인 셈이지. 다시 말해, '붓꽃을 세 가지 품종으로 분류하는 학습을 할 수 있는 데이터 세트'인 거야.

세 가지 품종

이름	서식지
setosa	알래스카, 홋카이도 분포
versicolor	미국 동부, 캐나다 동부에 분포
virginica	미국 남동부에 분포

④ 데이터를 데이터 프레임에 넣는다

불러온 데이터를 처리하기 쉽도록 데이터 프레임으로 만들어 봅시다(리스트 2.3).

1행에서 pandas를 Import하고, 2행에서 pd.DataFrame에 iris.data를 넘겨주어 데이터 프레임으로 만듭니다. 3행에서 앞에서부터 다섯 줄을 표시(head 명령)하여 확인합니다.

[입력 프로그램] 리스트 2.3

```
import pandas as pd ···························· pandas 임포트
df = pd.DataFrame(iris.data) ················· iris.data를 데이터 프레임으로
df.head() ····································· 앞에서 다섯 줄 표시
```

출력 결과

	0	1	2	3
0	5.1	3.5	1.4	0.2
1	4.9	3.0	1.4	0.2
2	4.7	3.2	1.3	0.2
3	4.6	3.1	1.5	0.2
4	5.0	3.6	1.4	0.2

첫 줄이 '0, 1, 2, 3'으로 되어 있는데, 이건 뭔가요?

 첫 줄은 '열 이름(columns)'이야. 번호라서 이해하기 어려우니, 특징량 이름(iris.feature_names)을 사용해 변경해 보자. 둘째 줄부터 '5.1, 2.5, 1.4, 0.2'라고 소수점 값이 나열되어 있는데, 이게 실제 데이터지.

가로로 한 줄이 '하나의 붓꽃 데이터'가 되는군요.

이번엔 이 붓꽃 데이터에 붓꽃 품종을 표시해서 알아보기 쉽게 해 보자. 타깃 데이터(iris.target)를 1열 추가하는 거지. 사실은 정리하지 않아도 되지만, 이해하기 쉽게 만들어 보는 거야.

LESSON
04

⑤ 열 이름에 특징량을 설정하고, 어떤 품종인지 target으로 추가한다

1행에서 열 이름을 설정하고, 2행에서 '어떤 품종인가(target)'를 열 데이터로 추가합니다(리스트 2.4). 3행에서 앞에서부터 다섯 줄을 표시하여 확인합니다.

[입력 프로그램] 리스트 2.4

```
df.columns = iris.feature_names  ················· 열 이름 설정
df["target"] = iris.target  ···················· target을 열로 추가
df.head()  ··························· 앞에서 다섯 줄 표시
```

출력 결과

	sepal length (cm)	sepal width (cm)	petal length (cm)	petal width (cm)	target
0	5.1	3.5	1.4	0.2	0
1	4.9	3.0	1.4	0.2	0
2	4.7	3.2	1.3	0.2	0
3	4.6	3.1	1.5	0.2	0
4	5.0	3.6	1.4	0.2	0

괜찮네요~. 그런데, target은 0뿐이에요. 이건 붓꽃의 품종이지요?

데이터를 앞에서 다섯 줄만 표시해서 우연히 0만 나온 것 같아. 이 아래로도 더 많이 이어진단다.

그래도 숫자뿐이라서 잘 모르겠어요.

그렇구나. 그럼, 보기만 하면 바로 이해할 수 있도록 히스토그램으로 표시해 보자.

와아~

⑥ 히스토그램으로 그린다(세 가지 품종을 각각 다른 색으로)

붓꽃의 꽃받침 폭(sepal width) 데이터를 히스토그램으로 나타내 보겠습니다. 세 가지 품종이 있으므로 각각 다른 색으로 그려서 품종별로 차이를 살펴봅시다.

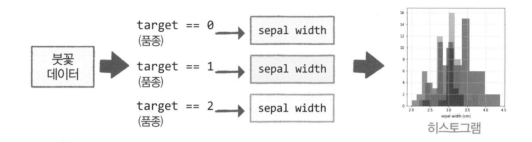

세 가지 품종을 다른 색으로 표시합시다(리스트 2.5). target 값이 0이면 df0, 1이면 df1에, 2면 df2 데이터 프레임에 나누어 넣습니다. 그래프는 '5×5' 크기로 만들어 봅시다. 이번에는 꽃받침 폭의 특징량(열 데이터)을 히스토그램으로 나타냅니다. 변수 xx에 sepal width(cm)라는 열 이름을 넣어두고 df0[xx], df1[xx], df2[xx]로 지정하여 꽃받침 폭의 히스토그램을 그립니다. df0은 파랑(b), df1은 빨강(r), df2는 초록(g)으로 분류하여 그리는데 겹치는 곳을 알 수 있도록 반투명(alpha = 0.5)으로 해 둡니다. 마지막으로 plt.show()라고 명령하면 그래프가 겹쳐서 표시됩니다.

[입력 프로그램] 리스트 2.5

```
%matplotlib inline
import matplotlib.pyplot as plt

# 세 가지 품종을 별개의 데이터 프레임으로 나눈다.
# target의 값이 0이라면 df0에, 1이라면 df1에 2라면 df2에 넣는다.
df0 = df[df["target"] == 0]
df1 = df[df["target"] == 1]
df2 = df[df["target"] == 2]

# 세 가지 품종을 히스토그램에서 색으로 구분해 그린다.
# 꽃받침의 폭으로 히스토그램을 그린다.
plt.figure(figsize = (5, 5))
xx = "sepal width (cm)" ······························ sepal width(cm) 열을 대상으로
df0[xx].hist(color="b", alpha = 0.5)················· 파란색 히스토그램 작성
df1[xx].hist(color="r", alpha = 0.5)················· 빨간색 히스토그램 작성
```

```
df2[xx].hist(color = "g", alpha = 0.5)  ················· 초록색 히스토그램 작성
plt.xlabel(xx)  ···································· 그래프에 x축 라벨을 설정
plt.show()
```

※ 첫 줄 %matplotlib inline은 Jupyter Notebook 용이므로 Colab Notebook에서는 있어도 없어도 상관없습니다.
※ 선두가 #인 행은 의미를 설명하기 위한 주석입니다. 없어도 상관없습니다.

LESSON
04

출력 결과

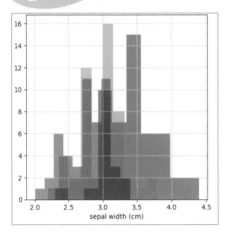

오! 그래프로 나타내니 알아보기 쉬워졌어요. 빨강 파랑 초록 각각의 산의 위치가 조금씩 다르네요.

'꽃받침 폭에 주목하면, 어느 정도 품종의 차이가 보인다'는 걸 알 수 있겠지? 그렇지만, 겹치는 부분이 많아서 확실하게 구별할 수는 없어.

그렇네요. 좀 더 떨어져 있으면 좋을 텐데-.

하나의 특징량으로 구별이 안 되면, 특징량을 두 개 사용해 보자.

그게 되나요?!

⑦ 산포도로 그린다(세 가지 품종을 각각 다른 색으로)

다음은 두 가지 특징을 이용하여 산포도로 표시합시다. 품종에 따른 차이를 2차원 그래프로 확인할 수 있습니다. 산포도는 '데이터 프레임.scatter()'로 그릴 수 있습니다.

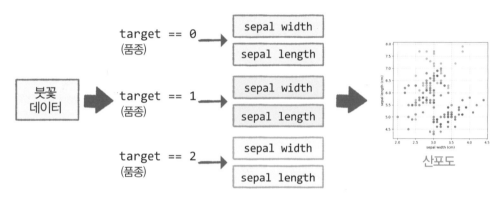

이번에는 '꽃받침 폭'을 가로축으로 '꽃받침 길이'를 세로축으로 하여 산포도를 그립니다(리스트 2.6). 조금 전 세 개로 나눈 df0, df1, df2를 겹쳐서 파란색, 빨간색, 초록색 산포도로 그려봅시다.

[입력 프로그램] 리스트 2.6

```
# 꽃받침 폭과 길이로 산포도 그리기
xx = "sepal width (cm)" ························· sepal width(cm) 열을 첫 번째 대상으로
yy = "sepal length (cm)" ························ sepal length(cm) 열을 두 번째 대상으로
plt.figure(figsize=(5, 5))
plt.scatter(df0[xx], df0[yy], color="b", alpha = 0.5) ········ 파란색 산포도 작성
plt.scatter(df1[xx], df1[yy], color="r", alpha = 0.5) ········ 빨간색 산포도 작성
plt.scatter(df2[xx], df2[yy], color="g", alpha = 0.5) ········ 초록색 산포도 작성
plt.xlabel(xx) ························· 그래프에 X축 라벨 설정
plt.ylabel(yy) ························· 그래프에 Y축 라벨 설정
plt.grid()
plt.show()
```

출력 결과

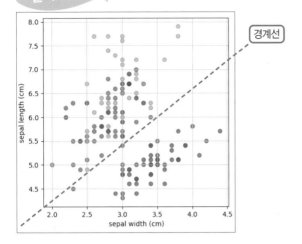

경계선

꽹장해요! 경계가 보이기 시작했어요. '파랑'과 '빨강+초록' 두 가지로 분리됐어요. 이건 비스듬하게 선을 그려 나눌 수 있겠어요.

두 가지 특징량을 사용하면 2차원적으로 보이니까 경계를 찾아내기 쉬워지는 거야.

신기해요~. 그래도 빨강과 초록은 섞여 있어서 여전히 구별할 수 없네요. 아쉬워.

하하하. 그럼, 특징량을 셋으로 늘려 3차원적으로 살펴볼까?

3차원이요?!

⑧ 3D 산포도로 그린다(세 가지 품종을 각각 다른 색으로)

다음은 세 가지 특징량으로 3D 산포도를 표시해 봅시다. 품종에 따른 차이를 3차원 그래프로 확인할 수 있습니다.

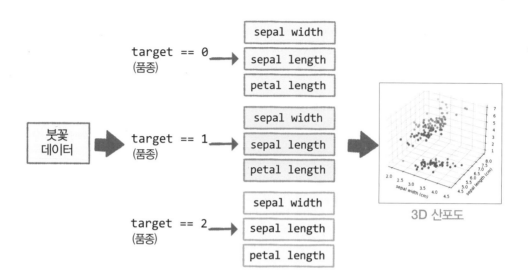

3D 산포도

3D 산포도를 그리는 경우도 데이터 프레임.scatter( )에 3개의 데이터를 지정하는 것만으로 그릴 수 있습니다. 단, 3D 공간을 마련해야 하므로 'from mpl_tools.mplot3d import Axes 3D'로 Axes 3D를 임포트해 놓고 Axes 3D로 3D 공간을 만들어 거기에 산포도를 그려 넣습니다(리스트 2.7).

이번에는 '꽃받침 폭'과 '꽃받침 길이'와 '꽃잎 길이'를 사용합니다. df0, df1, df2를 겹쳐서 파란색, 빨간색, 초록색 산포도로 합시다.

[입력 프로그램] 리스트 2.7

```
from mpl_toolkits.mplot3d import Axes3D ·················· Axes3D 임포트
# 꽃받침 폭, 꽃받침 길이, 꽃잎 길이로 3D 산포도로 그린다
xx = "sepal width (cm)" ························· sepal width(cm) 열을 첫 번째 대상으로
yy = "sepal length (cm)" ························· sepal width(cm) 열을 두 번째 대상으로
zz = "petal length (cm)" ························· petal length(cm) 열을 세 번째 대상으로
fig = plt.figure(figsize = (5, 5))
ax = fig.add_subplot(projection = "3d")
ax.scatter(df0[xx], df0[yy], df0[zz], color = "b") ········· 파란색 산포도 작성
ax.scatter(df1[xx], df1[yy], df1[zz], color = "r") ········· 빨간색 산포도 작성
ax.scatter(df2[xx], df2[yy], df2[zz], color = "g") ········· 초록색 산포도 작성
ax.set_xlabel(xx) ························· 그래프에 X축 라벨 설정
ax.set_ylabel(yy) ························· 그래프에 Y축 라벨 설정
ax.set_zlabel(zz) ························· 그래프에 Z축 라벨 설정
plt.show()
```

출력 결과

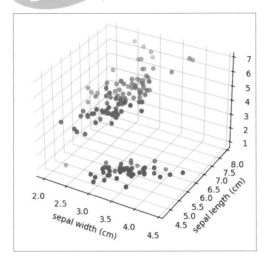

LESSON
04

3차원 그래프다! 굉장해요! 그래도 아직 빨간색과 초록색은 섞여 있어요~

이런 때는 '시점'이 중요하지. 시점을 바꾸면 경계선이 보일지도 모르거든. ax.view_init(세로각도, 가로각도)로 시점을 바꿔 보자(리스트 2.8).

[입력 프로그램] 리스트 2.8

```
fig = plt.figure(figsize = (5, 5))
ax = fig.add_subplot(projection = "3d")
ax.scatter(df0[xx], df0[yy], df0[zz], color = "b")
ax.scatter(df1[xx], df1[yy], df1[zz], color = "r")
ax.scatter(df2[xx], df2[yy], df2[zz], color = "g")
ax.set_xlabel(xx)
ax.set_ylabel(yy)
ax.set_zlabel(zz)
ax.view_init(0, 240)  ································· 시점을 바꾼다.
plt.show()
```

출력 결과

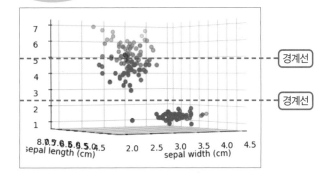

이렇게 돌리니까 보이네요!

이 각도에서 보면 세 가지 품종을 구별할 수 있는 경계선을 그릴 수 있을 것 같구나.

시점이란 대단하군요!

참고로, 또 다른 시점에서 보면 3D 산포도인데도 2D 산포도와 똑같이 보여(리스트 2.9).

[입력 프로그램] 리스트 2.9

```
fig = plt.figure(figsize = (5, 5))
ax = fig.add_subplot(projection = "3d")
ax.scatter(df0[xx], df0[yy], df0[zz], color = "b")
ax.scatter(df1[xx], df1[yy], df1[zz], color = "r")
ax.scatter(df2[xx], df2[yy], df2[zz], color = "g")
ax.set_xlabel(xx)
ax.set_ylabel(yy)
ax.set_zlabel(zz)
ax.view_init(90, 270) ································· 시점을 바꾼다.
plt.show()
```

출력 결과

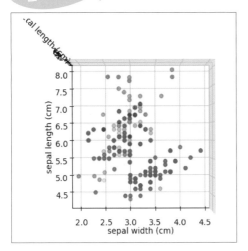

어~. 2D 산포도와 똑같네?

해결할 수 없을 것처럼 보이는 문제라도 '시점을 바꾸면 해결책
을 찾는 경우가 있다'는 말이지.

심오하군요~.

LESSON
05

샘플 데이터 세트를 자동으로 생성하자

scikit-learn은 가상 샘플 데이터를 자동으로 생성할 수도 있습니다. 여러 가지 자동 생성 방법을 살펴봅시다.

그런데 말이야, '붓꽃 품종 데이터'는 실제 데이터 세트였지만, 데이터 세트를 자동으로 생성할 수도 있어.

자동 생성이요?

매개변수를 지정해서 원하는 형태로 '가상의 샘플 데이터'를 자동으로 생성할 수 있지.

재미있겠다~.

'변수X, 변수y = make_○○○( )' 명령으로, 가상 샘플 데이터를 자동으로 생성할 수 있습니다.

- 분류용 데이터 세트(클러스터): make_blobs(매개변수)
- 분류용 데이터 세트(초승달): make_moons(매개변수)
- 분류용 데이터 세트(이중 원): make_circles(매개변수)
- 분류용 데이터 세트(동심원): make_gaussian_quantiles(매개변수)
- 회귀용 데이터 세트: make_regression(매개변수)

분류용 데이터 세트 자동 생성 (클러스터)

make_blobs()를 사용하면, '여러 개의 클러스터로 나누어지는 데이터 세트'를 자동 생성할 수 있습니다. 매개변수로 데이터 수(n_samples)나 특징량 수(n_features), 클러스터 수(centers), 표준편차 크기(cluster_std) 등을 조정할 수 있습니다. 실행하면 특징량이 X로, 그 분류(목적 변수)가 y로 반환됩니다.

※ 특징량은 대부분 2차원 이상의 배열이므로 대문자 X, 목적 변수는 1차원 배열이므로 소문자 y가 사용됩니다.

데이터 세트를 자동 생성할 수 있는 점은 편리하지만, 매번 완전히 랜덤하게 변화해 버리면 곤란한 일이 발생합니다. 실행할 때마다 다른 데이터로 바뀌게 되면 매번 실행 결과가 달라지므로, 그것이 데이터 탓인지 학습 방법 탓인지 알 수가 없습니다.

이때, '랜덤이지만, 매번 같은 랜덤 데이터' 있으면, 테스트 데이터로서 사용하기 쉬워집니다. 그런 일을 가능하게 해주는 매개변수가 random_state입니다.

random_state는 랜덤 생성의 출발점이 되는 '시드'를 말하는데, 이 값을 고정함으로써 매번 같은 랜덤 데이터를 생성할 수 있습니다.

- random_state: 랜덤 생성 시드
- n_samples: 데이터 수
- n_features: 특징량 수
- centers: 생성할 클러스터 수
- cluster_std: 편차 크기(표준편차)

① 클러스터가 두 개인 데이터를 만든다

랜덤 시드를 '3'으로 지정하고, 특징량 2, 클러스터 수 2, 표준편차 1인 300개의 점으로 된 데이터 세트를 만들어 봅시다(리스트 2.10).

[입력 프로그램] 리스트 2.10

```
from sklearn.datasets import make_blobs
import pandas as pd

X, y = make_blobs(
    random_state = 3, ······················ 랜덤 시드 3
    n_features = 2, ························· 특징량 2
    centers = 2, ··························· 클러스터 2
    cluster_std = 1, ······················· 표준편차 1
    n_samples = 300) ······················ 점 300개
```

```
# 특징량(X)으로 데이터 프레임을 만들고, 분류(y)를 target 열로 추가한다.
df = pd.DataFrame(X) ·············································· 데이터 프레임 작성
df["target"] = y ·················································· y를 target열로
df.head()
```

출력 결과

	0	1	target
0	-5.071794	-1.364393	1
1	-3.174364	-1.145104	1
2	0.818543	5.937601	0
3	-4.338424	-2.055692	1
4	-3.887373	-0.436586	1

이 데이터의 특징량 0을 가로축으로, 특징량 1을 세로축으로 하고, target 값으로 색을 구분해 산포도를 그려봅시다(리스트 2.11).

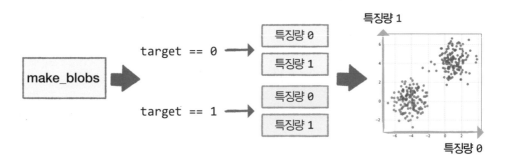

[입력 프로그램] 리스트 2.11

```
%matplotlib inline
import matplotlib.pyplot as plt

# 분류에 따라 각각의 데이터 프레임으로 나눈다.
df0 = df[df["target"] == 0]
df1 = df[df["target"] == 1]
# 분류 0은 파랑색, 분류 1은 빨강색으로 산포도를 그린다.
plt.figure(figsize = (5, 5))
plt.scatter(df0[0], df0[1], color = "b", alpha = 0.5) ··· 파란색 산포도를 작성한다.
plt.scatter(df1[0], df1[1], color = "r", alpha = 0.5) ··· 빨간색 산포도를 작성한다.
plt.grid()
plt.show()
```

출력 결과

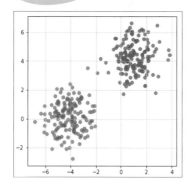

② 클러스터가 세 개인 데이터를 만든다

같은 조건에서 클러스터가 세 개인 데이터 세트를 만들고 산포도를 그려 봅시다(리스트 2.12).
target이 세 종류이므로 세 가지 색으로 그리겠습니다.

[입력 프로그램] 리스트 2.12

```
X, y = make_blobs(
    random_state = 3, ············· 랜덤 시드 3
    n_features = 2, ················ 특징량 2개
    centers = 3, ··················· 클러스터 수 3개
    cluster_std = 1, ··············· 표준편차 1
    n_samples = 300) ·············· 점 300개

# 특징량(X)으로 데이터 프레임을 만들고, 분류(y)를 target 열로 추가
df = pd.DataFrame(X)
df["target"] = y
```

```
# 분류에 따라 다른 데이터 프레임으로 나눈다.
df0 = df[df["target"] == 0]
df1 = df[df["target"] == 1]
df2 = df[df["target"] == 2]
# 분류0은 파란색, 1은 빨간색, 2는 초록색으로 산포도를 그린다.
plt.figure(figsize = (5, 5))
plt.scatter(df0[0], df0[1], color = "b", alpha = 0.5) … 파란색 산포도를 작성한다.
plt.scatter(df1[0], df1[1], color = "r", alpha = 0.5) … 빨간색 산포도를 작성한다.
plt.scatter(df2[0], df2[1], color = "g", alpha = 0.5) … 초록색 산포도를 작성한다.
plt.grid()
plt.show()
```

출력 결과

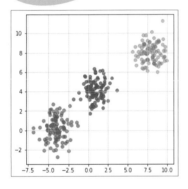

③ 클러스터가 다섯 개인 데이터를 만든다

같은 조건에서 클러스터가 다섯 개인 데이터 세트를 만들고 산포도를 그려 봅시다(리스트 2.13).

[입력 프로그램] 리스트 2.13

```
X, y = make_blobs(
    random_state = 3, ············· 랜덤 시드 3
    n_features = 2, ················ 특징량 2개
    centers = 5, ··················· 클러스터 수 5개
    cluster_std = 1, ··············· 표준편차 1
    n_samples = 300) ············· 점 300개

# 특징량(X)으로 데이터 프레임을 만들고, 분류(y)를 target 열로서 추가
df = pd.DataFrame(X)
```

```
df["target"] = y
# 분류에 따라 다른 데이터 프레임으로 나눈다.
df0 = df[df["target"] == 0]
df1 = df[df["target"] == 1]
df2 = df[df["target"] == 2]
df3 = df[df["target"] == 3]
df4 = df[df["target"] == 4]
# 분류0은 파란색, 1은 빨간색, 2는 초록색, 3은 자홍색, 4는 청록색으로 산포도를 그린다.
plt.figure(figsize = (5, 5))
plt.scatter(df0[0], df0[1], color = "b", alpha = 0.5) … 파란색 산포도를 작성한다.
plt.scatter(df1[0], df1[1], color = "r", alpha = 0.5) … 빨간색 산포도를 작성한다.
plt.scatter(df2[0], df2[1], color = "g", alpha = 0.5) … 초록색 산포도를 작성한다.
plt.scatter(df3[0], df3[1], color = "m", alpha = 0.5) … 자홍색 산포도를 작성한다.
plt.scatter(df4[0], df4[1], color = "c", alpha = 0.5) … 청록색 산포도를 작성한다.
plt.grid()
plt.show()
```

출력 결과

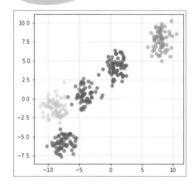

다섯 개가 됐다!

 ## 분류용 데이터 세트 자동 생성 (초승달)

make_moons()를 사용하면 '초승달 모양 클러스터가 결합된 데이터 세트'를 자동으로 생성할 수 있습니다. 직선으로 분할할 수 없는 데이터 세트입니다.

매개변수로 데이터 수(n_samples)나 노이즈(noise) 등을 조정할 수 있습니다. 또한 랜덤 생성 시드(random_state)를 지정하여 매번 같은 형태의 랜덤으로 생성할 수 있습니다.

- random_state: 랜덤 생성 시드 번호
- n_samples: 데이터 갯수
- noise: 노이즈

① 노이즈 0.1인 데이터를 만든다

랜덤 시드를 '3'으로 하고, 노이즈 0.1, 300개의 점으로 된 초승달 데이터 세트를 만들어 봅시다(리스트 2.14).

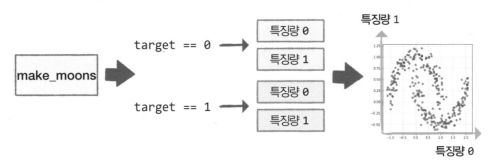

[입력 프로그램] 리스트 2.14

```python
from sklearn.datasets import make_moons
X, y = make_moons(
    random_state = 3, ············· 랜덤 시드 3
    noise = 0.1, ······················ 노이즈 0.1
    n_samples = 300) ············· 점 300개

# 특징량(X)으로 데이터 프레임을 만들고, 분류(y)를 target 열로 추가
df = pd.DataFrame(X)
df["target"] = y
# 분류에 따라 다른 데이터 프레임으로 나눈다.
df0 = df[df["target"] == 0]
df1 = df[df["target"] == 1]
# 분류0은 파란색, 분류1은 빨간색으로 산포도를 그린다.
plt.figure(figsize = (5, 5))
plt.scatter(df0[0], df0[1], color = "b", alpha = 0.5) ··· 파란색 산포도를 작성한다.
plt.scatter(df1[0], df1[1], color = "r", alpha = 0.5) ··· 빨간색 산포도를 작성한다.
plt.grid()
plt.show()
```

출력 결과

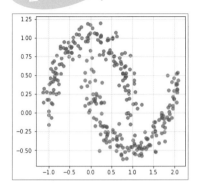

② 노이즈 0인 데이터를 만든다

같은 조건으로 노이즈가 0인 초승달 데이터 세트를 만들어 봅시다(리스트 2.15). 노이즈가 없기 때문에
편차가 없는 데이터가 됩니다.

[입력 프로그램] 리스트 2.15

```
X, y = make_moons(
    random_state = 3, ·········· 랜덤 시드 3
    noise = 0, ······················· 노이즈 0
    n_samples = 300) ············· 점 300개

# 특징량(X)으로 데이터 프레임을 만들고, 분류(y)를 target 열로 추가
df = pd.DataFrame(X)
df["target"] = y
# 분류에 따라 다른 데이터 프레임으로 나눈다.
df0 = df[df["target"] == 0]
df1 = df[df["target"] == 1]
# 분류0은 파란색, 분류1은 빨간색으로 산포도를 그린다.
plt.figure(figsize = (5, 5))
plt.scatter(df0[0], df0[1], color = "b", alpha = 0.5) ··· 파란색 산포도를 작성한다.
plt.scatter(df1[0], df1[1], color = "r", alpha = 0.5) ··· 빨간색 산포도를 작성한다.
plt.grid()
plt.show()
```

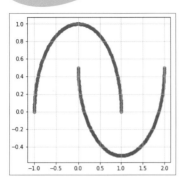

③ 노이즈 0.3인 데이터를 만든다

같은 조건으로 노이즈가 0.3인 초승달 데이터 세트를 만들어 봅시다(리스트 2.16). 노이즈가 증가했기 때문에 편차가 많은 데이터가 됩니다.

[입력 프로그램] 리스트 2.16

```
X, y = make_moons(
    random_state = 3,  ………… 랜덤 시드 3
    noise = 0.3,  ………………… 노이즈 0.3
    n_samples = 300)  …………… 점 300개

# 특징량(X)으로 데이터 프레임을 만들고, 분류(y)를 target 열로 추가
df = pd.DataFrame(X)
df["target"] = y
# 분류에 따라 다른 데이터 프레임으로 나눈다.
df0 = df[df["target"] == 0]
df1 = df[df["target"] == 1]
# 분류0은 파란색, 분류1은 빨간색으로 산포도를 그린다.
plt.figure(figsize = (5, 5))
plt.scatter(df0[0], df0[1], color = "b", alpha = 0.5)  … 파란색 산포도를 작성한다.
plt.scatter(df1[0], df1[1], color = "r", alpha = 0.5)  … 빨간색 산포도를 작성한다.
plt.grid()
plt.show()
```

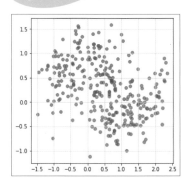

출력 결과

분류용 데이터 세트 자동 생성 (이중 원)

make_circles()를 사용하면 '이중 원 데이터 세트'를 자동으로 생성할 수 있습니다. 직선으로 분할할 수 없는 데이터 세트입니다.

매개변수로 데이터 수(n_sampes)나 노이즈(noise) 등을 조정할 수 있습니다. 또한 랜덤 시드 (random_state)를 지정하여 매번 같은 형태의 랜덤으로 만들 수 있습니다.

- random_state: 랜덤 생성 번호
- n_sampes: 데이터 개수
- noise: 노이즈

① 노이즈 0.1인 데이터 만들기

랜덤 시드를 3으로 지정하고, 노이즈 0.1, 300개의 점으로 된 이중 원 데이터 세트를 만들어 봅시다 (리스트 2.17).

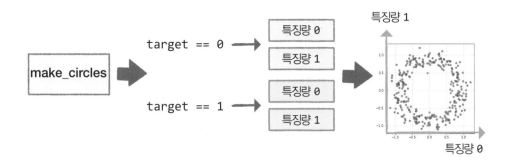

[입력 프로그램] 리스트 2.17

```
from sklearn.datasets import make_circles
X, y = make_circles(
    random_state = 3,  ……… 랜덤 시드 3
    noise = 0.1,  ……………… 노이즈 0.1
    n_samples = 300) ………… 점 300개

# 특징량(X)으로 데이터 프레임을 만들고, 분류(y)를 target 열로 추가
df = pd.DataFrame(X)
df["target"] = y
# 분류에 따라 다른 데이터 프레임으로 나눈다.
df0 = df[df["target"] == 0]
df1 = df[df["target"] == 1]
# 분류0은 파란색, 분류1은 빨간색으로 산포도를 그린다.
plt.figure(figsize = (5, 5))
plt.scatter(df0[0], df0[1], color = "b", alpha = 0.5) … 파란색 산포도를 작성한다.
plt.scatter(df1[0], df1[1], color = "r", alpha = 0.5) … 빨간색 산포도를 작성한다.
plt.grid()
plt.show()
```

출력 결과

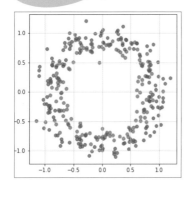

이중 원이 됐어요!

 분류용 데이터 세트 자동 생성 (동심원)

make_gaussian_quantiles()를 사용하면 '동심원형 데이터 세트'를 자동으로 생성할 수 있습니다.
이것도 직선으로 분할할 수 없는 데이터 세트입니다.

매개변수를 사용하면 데이터 수(n_samples), 특징량 수(n_features), 그룹 수(n_classes)

등을 조정할 수 있습니다. 또한, 랜덤 생성 시드(random_state)를 지정하여 매번 같은 형태의 랜덤으로 할 수 있습니다.

- random_state: 랜덤 생성 번호
- n_samples: 데이터 갯수
- n_features: 특징량 수
- n_classes: 그룹 수

LESSON
05

① 동심원으로 세 그룹의 데이터 세트를 만든다

랜덤 시드를 3으로 하고 특징량은 2개, 3개 그룹, 300개 점으로 구성된 동심원 데이터 세트를 만들어 봅시다(리스트 2.18).

[입력 프로그램] 리스트 2.18

```python
from sklearn.datasets import make_gaussian_quantiles
X, y = make_gaussian_quantiles(
    random_state = 3, ………… 랜덤 시드 3
    n_features = 2,…………… 특징량 2개
    n_classes = 3, …………… 그룹 3개
    n_samples = 300)………… 점 300개

# 특징량(X)으로 데이터 프레임을 만들고, 분류(y)를 target 열로 추가
df = pd.DataFrame(X)
df["target"] = y
# 분류에 따라 다른 데이터 프레임으로 나눈다.
df0 = df[df["target"] == 0]
df1 = df[df["target"] == 1]
df2 = df[df["target"] == 2]
```

81

```
# 분류0은 파란색, 분류1은 빨간색, 분류2는 초록색으로 산포도를 그린다.
plt.figure(figsize = (5, 5))
plt.scatter(df0[0], df0[1], color = "b", alpha = 0.5) … 파란색 산포도를 작성한다.
plt.scatter(df1[0], df1[1], color = "r", alpha = 0.5) … 빨간색 산포도를 작성한다.
plt.scatter(df2[0], df2[1], color = "g", alpha = 0.5) … 초록색 산포도를 작성한다.
plt.grid()
plt.show()
```

출력 결과

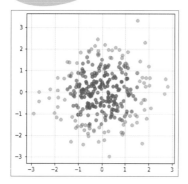

회귀용 데이터 세트 자동 생성

make_regression()을 사용하면 '회귀 데이터 세트'를 자동으로 생성할 수 있습니다.

매개변수를 사용하면 데이터 수(n_samples), 특징량 수(n_features), 노이즈(noise), 회귀선의 y절편(bias) 등을 조정할 수 있습니다. 또, 랜덤 시드(random_state)를 지정하여, 매번 같은 형태의 랜덤으로 할 수가 있습니다.

- random_state: 랜덤 번호
- n_samples: 데이터 갯수
- n_features: 특징량 수
- 노이즈: 노이즈
- bias: y절편

① 노이즈가 10이고 X가 0일 때 y가 100을 통과하는 선의 데이터 세트를 만든다

랜덤 시드를 3으로 하고, 특징량 1개, 노이즈 10, 점 300개로 이루어진, X가 0일 때 y가 100을 지나는 선의 데이터 세트를 만들어 봅시다(리스트 2.19).

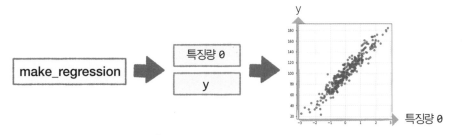

[입력 프로그램] 리스트 2.19

```python
from sklearn.datasets import make_regression
X, y = make_regression(
    random_state = 3,            랜덤 시드 3
    n_features = 1,              특징량 1개
    noise = 10,                  노이즈 10
    bias = 100,                  y절편 100
    n_samples = 300)             점 300개

# 데이터 프레임 만들기
df = pd.DataFrame(X)
# 특징량0과 y로 산포도를 그린다.
plt.figure(figsize = (5, 5))
plt.scatter(df[0], y, color = "b", alpha = 0.5)       파란색 산포도를 작성한다.
plt.grid()
plt.show()
```

출력 결과

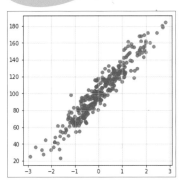

83

② **노이즈가 0이고 X가 0일 때 y가 100을 통과하는 선의 데이터 세트를 만든다**

같은 조건에서 노이즈가 0인 데이터 세트를 만들어 봅시다(리스트 2.20).

[입력 프로그램] 리스트 2.20

```python
from sklearn.datasets import make_regression
X, y = make_regression(
    random_state = 3,  ············· 랜덤 시드 3
    n_features = 1,  ············· 특징량 1개
    noise = 0,  ························· 노이즈 0
    bias = 100,  ······················ y절편 100
    n_samples = 300)  ············· 점 300개

# 데이터 프레임 만들기
df = pd.DataFrame(X)
# 특징량0과 y로 산포도를 그린다.
plt.figure(figsize = (5, 5))
plt.scatter(df[0], y, color = "b", alpha = 0.5)  ············ 파란색 산포도를 작성한다.
plt.grid()
plt.show()
```

출력 결과

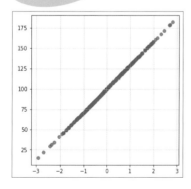

자동으로 생성하면 단순하고
이해하기 쉬운 데이터 세트를 만들 수 있지.
우리가 머신러닝을 배울 때도 쓸 수 있고
학습 모델을 테스트할 때도 쓸 수 있어.

제 3 장

머신러닝 과정을 이해하자

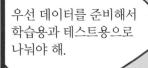

3장에서 할 일

예제 데이터를
준비해 보자!

데이터를 준비한다.

학습용과
테스트용으로
나눠봐요!

학습용과 테스트용으로 나눈다.

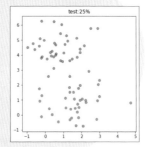

알기 쉽게
표시됐네요.

학습하고 예측한다.

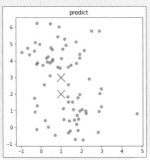

분류를 시각화한다.

이해하기 쉬운
그림이 됐어요!

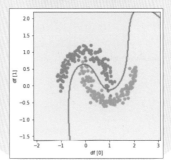

LESSON
06

데이터를 준비한다

이제 머신러닝의 절차를 체험해 보겠습니다. 우선 데이터가 필요합니다.
데이터를 준비합시다.

그럼, 이제 머신러닝 프로그래밍을 체험해 보자. 머신러닝 중에
서도 개념을 잡기 쉬운 '지도 학습'을 중심으로 설명할 거야.

'기계'가 '학습'하다니! 나사나 기어 같은 걸 사용할 거 같아요.

그렇지 않아. 우리와 비슷한 방법으로 학습하지.

그런가요?

학교 시험공부와 비슷하다고 할까. 시험공부 할 때 문제를 많이
풀어서 학습하는 것처럼 머신러닝도 마찬가지로 많은 문제로
학습해.

인공지능도 문제집으로 공부하는 건가요!

문제집을 다 끝내면 제대로 이해했는지 테스트하지. 테스트 성
적을 보면 어느 정도 학습됐는지 알 수 있어.

인공지능도 시험이 기다리고 있구나. 불쌍해라….

컴퓨터는 대량의 반복 처리에 뛰어나서 문제없어. 많은 문제도
순식간에 학습해 버리지.

아, 좋겠다. 부러워요.

머신러닝은 다음과 같은 순서로 진행할 거야.

① 데이터를 준비한다.
② 데이터를 학습용과 테스트용으로 나눈다.
③ 모델을 선택해서 학습한다.
④ 모델을 테스트한다.
⑤ 새로운 값을 넘겨 예측한다.

사실은 여기서 ❶~❹를 반복해서 조정해 나가면서 점점 쓸만한 인공지능이 되는 건데 이번에는 간단히 전체적으로 살펴보기로 하자. '두 종류의 물건을 분류하는 학습'을 체험해 볼 거야.

LESSON
06

두근두근

① 새 노트북을 만든다

가장 먼저, 이 장의 프로그램을 입력할 노트북을 준비합시다.

Colab Notebook의 경우, 처음에 나오는 대화 상자에서 '새 노트'를 클릭하거나 파일 메뉴에서 '새 노트'를 선택합니다(Jupyter Notebook의 경우, 오른쪽 상단 [New▼] 메뉴에서 'Python 3'을 선택합니다). ❶ 왼쪽 상단의 파일 이름을 'MLtest3.ipynb' 등으로 변경합시다.

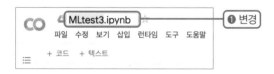

② 시험해 보자

머신러닝의 예로 '사물을 두 가지로 분류하는 학습'을 진행합니다. 우선 첫 번째로 데이터가 필요합니다. 이해하기 쉬운 데이터를 준비하기 위해 자동으로 생성합니다.

사물을 두 가지로 분류할 것이므로 make_blobs로 '두 개의 클러스터(분류)가 만들어지는 데이터'를 자동으로 생성합니다. 특징량도 두 가지로 지정합시다(리스트 3.1). 그러면, 데이터의 모습을 2D 산포도로 확인하기 쉬워집니다. 표준편차는 적당히 1로 하고, 데이터 수는 300개로 합니다. '매번 같은 랜덤 데이터'를 얻기 위해서 랜덤 시드는 0으로 합니다.

[입력 프로그램] 리스트 3.1

```
from sklearn.datasets import make_blobs
# 랜덤 시드 0, 특징량 2, 클러스터 수 2, 표준편차 1인 300개의 데이터 세트
X, y = make_blobs(
    random_state = 0, ··············· 랜덤 시드 0
    n_features = 2, ·················· 특징량 2개
    centers = 2, ····················· 클러스터 수 2개
    cluster_std = 1, ················· 표준편차 1
    n_samples = 300) ················· 점 300개
```

make_blobs를 실행하면 두 개의 클러스터(분류)로 나뉘는 데이터가 만들어지고, 특징량이 X로 그 분류가 y로 반환됩니다. 이 특징량(X)으로 데이터 프레임을 만들어 봅시다(리스트 3.2). 또 분류(y)를 데이터 프레임에 추가하여 각 행이 어느 분류에 해당하는지 알 수 있게 합니다. 앞에서 다섯 줄을 표시해 봅시다.

[입력 프로그램] 리스트 3.2

```
import pandas as pd

# 특징량(X)으로 데이터 프레임을 만들고, 분류(y)를 target 열로 추가
df = pd.DataFrame(X)
df["target"] = y
df.head()
```

출력 결과

	0	1	target
0	3.359415	5.248267	0
1	2.931100	0.782556	1
2	1.120314	5.758061	0
3	2.876853	0.902956	1
4	1.666088	5.605634	0

target이 0, 1, 0, 1, 0으로 나열되어 있습니다. 이것은 각 데이터의 분류입니다.

산포도를 그려 데이터의 분포를 시각적으로 확인해 봅시다(리스트 3.3). 분류로 색을 구분하고자 분류 (target)가 0이면 df0에, 1이면 df1에 넣어 두 개의 데이터 프레임으로 나눕니다. df0은 파란색(b), df1은 빨간색(r)으로 지정하고 겹쳐도 비쳐 보이도록 반투명(alpha = 0.5)으로 그립니다.

[입력 프로그램] 리스트 3.3

```python
import matplotlib.pyplot as plt
%matplotlib inline

# 분류에 따라 각각 다른 데이터 프레임으로 나눈다.
df0 = df[df["target"] == 0]
df1 = df[df["target"] == 1]
# 분류0은 파란색, 분류1은 빨간색으로 산포도를 그린다.
plt.figure(figsize = (5, 5))
plt.scatter(df0[0], df0[1], color = "b", alpha = 0.5)  ············ 파란색 산포도 작성
plt.scatter(df1[0], df1[1], color = "r", alpha = 0.5)  ············ 빨간색 산포도 작성
plt.show()
```

출력 결과

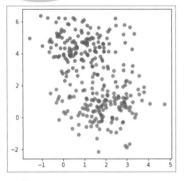

이것 봐. '파란색과 빨간색으로 분류하기 쉬운 데이터'가 만들어졌어. 이 두 종류를 분류하는 머신러닝을 시작해 보자.

하지만 한 가운데는 조금 섞여 있어요~.

깔끔하게 나눠지면 너무 단순하잖아. 일부러 적당히 흩어서 조금씩 섞여 있게 한 거야.

약간 어려운 문제를 내서, 어떤 식으로 해결하는지 시험하는 거군요.

LESSON
06

91

LESSON 07

데이터를 학습용과 테스트용으로 나눈다

머신러닝에서는 데이터를 학습용과 테스트용으로 나누어 사용합니다. 학습용 데이터로 학습하고 테스트용 데이터로 바르게 학습했는지 확인합니다.

머신러닝을 할 때는 데이터를 학습용과 테스트용으로 나누어야 해. 데이터를 전부 사용해서 학습시키는 게 아니라 테스트용 데이터는 사용하지 않고 남겨두는 거지.

다 쓰지 않아요?

모든 데이터를 사용해서 학습시켜 버리면 '데이터를 통째로 암기했을 뿐'인지 '제대로 학습한 것'인지 알 수 없기 때문이야.

무슨 뜻이에요?

예를 들면, 다솜 양이 학교에서 시험을 본다고 하자. 그런데 시간이 없어서 문제집 일부만 통째로 암기했다고 하자. 만약에 우연히 암기한 문제만 나와서 80점을 맞았다면 그건 정말 학습한 걸까?

80점이나 맞다니, 굉장해요!

하지만 그 지식이 다솜 양의 장래에 도움이 될까?

당시에는 기쁘겠지만, 장래에는 도움이 되지 않을 거 같아요.

그렇겠지? 그 시험에서 좋은 점수를 받았다고 해서 응용력이 생긴 건 아니잖아. 머신러닝도 마찬가지야. 정말 하고 싶은 일은 준비된 데이터를 기억시키는 게 아니라, 새로운 데이터가 왔을 때 바르게 판단할 수 있는 응용력을 키우는 거지.

그렇네요. 인공지능이 대답해야 할 것은 인간이 질문하는 '새로운 문제'니까.

그래서 데이터를 학습용과 테스트용으로 나누어 응용력이 제대로 생겼는지 조사하는 거야. 예를 들어, 문제가 100개라면 그걸 75%와 25% 정도로 나눠 두는 거지.

75% 25%?

문제 순서가 영향을 주지 않도록 잘 섞고 나서 나눠야 해. 우선, 분할한 75개 문제로만 학습하고, 학습이 완료되면 학습하지 않은 나머지 25개 문제로 테스트하는 거야. 제대로 응용력이 생기지 않으면 좋은 점수가 나오지 않아.

그렇군요.

점수가 나쁘면, 학습 방법을 바꾸거나 문제를 재검토해서 다시 학습해야 해. 그리고, 또 테스트…. 이를 되풀이해 나가면 '올바른 판단을 할 수 있는 응용력'이 생긴다는 거지.

인공지능도 힘들겠어요.

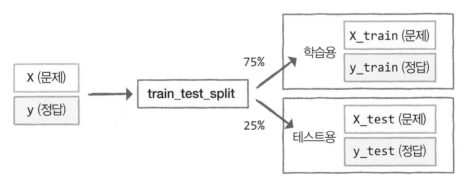

자동 생성한 데이터를 학습용과 테스트용으로 나눠봅시다.

'특징량(설명 변수) X'와 '그 분류(목적 변수) y'의 데이터를 학습용과 테스트용으로 분할합니다.

데이터를 분할하는 명령은 train_test_split입니다. 여기에 X와 y를 넘겨줍니다. 매번 바뀌지 않도록 랜덤 시드를 0으로 고정하고 다음과 같이 명령합니다.

데이터를 분할하는 서식

```
X_train, X_test, y_train, y_test =
    train_test_split(X, y, random_state = 0)
```

명령을 실행하면 X와 y가 쌍으로 무작위로 섞여서 75%가 학습용으로, 25%가 테스트용으로 분할되어 반환됩니다.

- X_train은 학습 데이터의 문제(설명 변수),
- y_train은 학습용 데이터의 정답(목적 변수),
- X_test는 테스트 데이터의 문제(설명 변수),
- y_test는 테스트 데이터의 정답(목적 변수)입니다.

실제로 분할해 봅시다. 또, 어떤 데이터로 되어 있는지 산포도로 그려 확인합니다(리스트 3.4).

[입력 프로그램] 리스트 3.4

```
# 학습용 데이터와 테스트용 데이터로 나눈다.
from sklearn.model_selection import train_test_split
X_train, X_test, y_train, y_test=train_test_split(X, y, ↵
random_state = 0) ················································· 데이터 분할

# 학습용의 특징량(X_train)으로 데이터 프레임을 만들고, 분류(y_train)을 target 열로 추가
df = pd.DataFrame(X_train) ······························ 학습용 데이터 프레임 작성
df["target"] = y_train
# 분류에 따라 각각 다른 데이터 프레임으로 나눈다
df0 = df[df["target"] == 0]
df1 = df[df["target"] == 1]
plt.figure(figsize=(5, 5))
# 분류0은 파란색, 분류1은 빨간색으로 산포도를 그린다
plt.scatter(df0[0], df0[1], color = "b", alpha = 0.5) ··· 파란색 산포도 작성
plt.scatter(df1[0], df1[1], color = "r", alpha = 0.5) ··· 빨간색 산포도 작성
plt.title("train:75%")
plt.show()
```

```python
# 테스트용의 특징량(X_test)으로 데이터 프레임을 만들고, 분류(y_test)를 target 열로 추가
df = pd.DataFrame(X_test) ································· 테스트용 데이터 프레임 작성
df["target"]=y_test
# 분류에 따라, 각각 다른 데이터 프레임으로 나눈다.
df0 = df[df["target"] == 0]
df1 = df[df["target"] == 1]
plt.figure(figsize = (5, 5))
# 분류0은 파란색, 분류1은 빨간색으로 산포도를 그린다.
plt.scatter(df0[0], df0[1], color = "b", alpha = 0.5) ··· 파란색 산포도 작성
plt.scatter(df1[0], df1[1], color = "r", alpha = 0.5) ··· 빨간색 산포도 작성
plt.title("test:25%")
plt.show()
```

LESSON
07

출력 결과

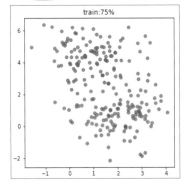
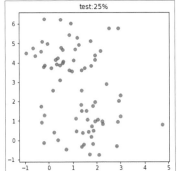

75%와 25%는 점 개수뿐만 아니라 자세히 보면 위치도 미묘하게 다르네요. 하지만 전체적으로는 파란색과 빨강을 나누는 방식이 비슷해요.

이 '75% 점 위치를 통째로 암기'해도 '나머지 25%'에 같은 점이 없을 수 있으니까, 통째로 암기해봐야 시험에서 좋은 점수를 받을 수 없을 거로 생각할 수 있지. 하지만, 나누는 방법의 법칙성을 이해한다면 좋은 점수를 받을 수 있을 거야.

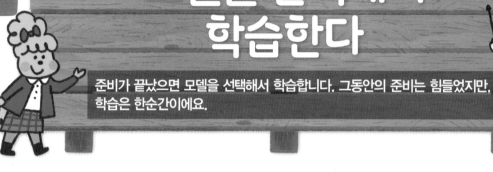

모델을 선택해서 학습한다

준비가 끝났으면 모델을 선택해서 학습합니다. 그동안의 준비는 힘들었지만, 학습은 한순간이에요.

학습용 데이터가 준비됐으면, 드디어 머신러닝의 본체를 만들 차례야. 그걸 '모델'이라고 하지. 모델은 학습하는 상자와 같은 것으로, 모델에는 '이 방법을 사용하면 효율적으로 학습할 수 있을 것이다'라고 여겨지는 학습 방법이 들어 있어. 이 모델에 학습용 데이터를 주고 키워갈 거야.

똑똑해져라~

'학습 방법'에는 여러 종류가 있는데, 이걸 '알고리즘'이라고 해.

알고리즘이요?

scikit-learn에는 다양한 머신러닝 알고리즘이 준비되어 있어서 고르기만 하면 돼.

고맙네요~

어떤 종류의 알고리즘이 있는지는 4장에서 설명할 거야. 이번에는 그중에서 SVM(서포트 벡터 머신)을 사용해 볼게

알겠어요!

실제 학습은 매우 짧아서(리스트 3.5), 단 두 줄에 불과해. 모델을 만든다, 그 모델에 fit 명령으로 데이터를 주고 학습시킨다, 두 가지 명령으로 할 수 있어. 아까 만든 학습용 데이터의 문제 (X_train)와 답을 fit 명령으로 넘겨줄 거야.

[입력 프로그램] 리스트 3.5

```
from sklearn import svm
# 서포트 벡터 머신으로 학습 모델을 만든다.
model = svm.SVC()
# 학습용 데이터를 넘겨주고 학습한다.
model.fit(X_train, y_train)
```

LESSON
08

출력 결과

```
SVC(C = 1.0, break_ties = False., cache_size = 200, class_weight = None, ↵
coef0 = 0.0,
    decision_function_shape = 'ovr', degree = 3, gamma = 'scale',↵
    kernel = 'rbf', max_iter = −1, probability = False,↵
    random_state = None, shrinking = True, tol = 0.001, verbose = False)
```

※ Jupyter Notebook에서는 "SVC( )"라고만 표시되고 매개변수가 표시되지 않을 수 있지만 문제는 없습니다.

자, 학습에 성공했어~. '이런 매개변수로 학습했다'고 보고하네. 학습은 이걸로 끝이야.

예에~~~?! 이게 끝이에요? 학습이 너무 빨라요. 나도 fit 명령이 있었으면 좋겠다~.

LESSON

09

모델을 테스트한다

바르게 학습했는지 테스트용 데이터를 사용하여 확인합니다. 문제를 주어
예측하게 하고, 얼마나 정답을 맞출 수 있는지 조사합니다.

학습을 마쳤으면 테스트해서 잘 학습했는지 확인해보자.

그런가, 테스트도 해야 하는군요.

나누었던 테스트용 데이터 문제(X_test)를 predict 명령으로
넘겨주고 답을 예측하게 하는 거야.

흐음흐음.

진짜 정답인 '테스트용 데이터의 답(y_test)'이 있으니 '머신
러닝에서 예측한 답'과 '진짜 정답'을 비교하면 어느 정도의 정
답률인지 알 수 있겠지.

그렇구나. 정말로 테스트네요.

먼저 predict 명령에 '테스트용 데이터 문제(X_test)'를 넘겨주고 예측하게 합니다. 이번에는 그
예측 결과를 색으로 분류한 산포도로 그려 확인해 봅시다(리스트 3.6).

[입력 프로그램] 리스트 3.6

```
# 테스트용 데이터 전체로 예측한다.
pred = model.predict(X_test)
```

```
# 테스트용 특징량(X_test)으로 데이터 프레임을 만들고 예측 결과(pred)를 target 열로서 추가
df = pd.DataFrame(X_test)
df["target"] = pred
# 분류에 따라 각각 다른 데이터 프레임으로 나눈다.
df0 = df[df["target"] == 0]
df1 = df[df["target"] == 1]
# 분류0은 파란색, 분류1은 빨간색으로 산포드를 그린다.
plt.figure(figsize = (5,5))
plt.scatter(df0[0], df0[1], color = "b", alpha = 0.5)
plt.scatter(df1[0], df1[1], color = "r", alpha = 0.5)
plt.title("predict")
plt.show()
```

LESSON
09

출력 결과

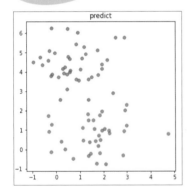
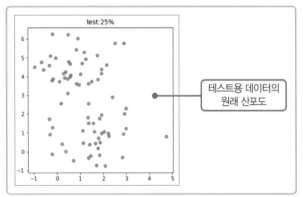

테스트용 데이터의
원래 산포도

어? 이 산포도 원래 산포도랑 똑같아요.

같아 보이지? 그래도 잘 살펴보자. 빨간 점이 파란색으로 된 곳이 있어. 즉, '진짜 답은 빨간색'인데 '예측으로는 파란색'이라고 생각한 곳이 있다는 거야.

그렇구나. 예측이니까 다를 수 있네요.

그럼 정답률을 알아보자. accuracy_score 명령에 정답 데이터와 예측 데이터를 주면, 얼마나 정답을 맞혔는지 알 수 있어.

드디어 채점이군요.

사실은 이 평가는 매우 중요해서 여러 가지 방법으로 확인하지만,
이번엔 간단히 이 한 가지 방법으로만 살펴볼 거야(리스트 3.7).

[입력 프로그램] 리스트 3.7

```python
from sklearn.metrics import accuracy_score

# 정답률을 조사한다(테스트 데이터로).
pred = model.predict(X_test)
score = accuracy_score(y_test, pred)
print("정답률:", score*100, "%")
```

출력 결과

정답률: 96.0 %

세상에 96%! 대단해요~.

뭐, 일부러 분류하기 쉬운 데이터를 자동 생성한 거니까.

LESSON 10

새로운 값을 넘겨주고 예측한다

학습을 잘 마쳤으면, 새로운 값을 넘겨주고 예측해 봅시다.

학습이 잘 된 것 같으니, 이번에는 '새로운 데이터'를 주고 예측시켜 보자.

인공지능에 문제를 내는 거네요.

새로운 값을 넘겨주고 답을 예측(predict)시켜 봅시다.

이 머신러닝에서는 두 개의 특징량(설명 변수)을 이용해 학습했습니다. 그러므로 예측도 두 개의 특징량(설명 변수)을 주고 예측합니다.

예를 들어, 두 종류의 데이터를 넘겨주고 예측 결과를 살펴보겠습니다. 첫 번째는 설명 변수가 '1과 3'인 데이터이고, 두 번째는 설명 변수가 '1과 2'인 데이터입니다(리스트 3.8). 이들은 '분류 경계 부근'에 있는 가상 데이터입니다. 이것들을 넘겨주고 어느 쪽으로 분류되는지를 살펴봅시다.

[입력 프로그램] 리스트 3.8

```
# 설명 변수가 '1과 3'인 결과를 예측
pred = model.predict([[1, 3]])
print("1, 3 =",pred)


# 설명 변수가 '1과 2'인 결과를 예측
pred = model.predict([[1, 2]])
print("1, 2 =",pred)
```

```
1,  3 = [0]
1,  2 = [1]
```

설명 변수가 '1과 3'일 때 분류가 0이고 설명 변수가 '1과 2'일 때 분류가 1로 예측되었습니다.

이러한 데이터를 앞서 살펴본 산포도의 [1, 3], [1, 2]의 위치에 X 마크를 그려서 확인해 봅시다(리스트 3.9).

[입력 프로그램] 리스트 3.9

```python
# 산포도 상에 [1,  3,][1,  2] 위치에 X를 그린다.
plt.figure(figsize = (5, 5))
plt.scatter(df0[0], df0[1], color = "b", alpha = 0.5) ·········· 파란색 산포도 작성
plt.scatter(df1[0], df1[1], color = "r", alpha = 0.5) ·········· 빨간색 산포도 작성
plt.scatter([1], [3], color = "b", marker = "x", s = 300) ····· 파란색 마커 표시
plt.scatter([1], [2], color = "r", marker = "x", s = 300) ····· 빨간색 마커 표시
plt.title("predict")
plt.show()
```

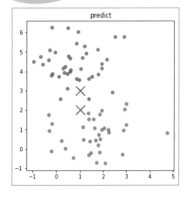

'파란색이 될 것 같은 위치의 점은 파란색'이고, '빨간색이 될 것 같은 위치의 점은 빨간색'으로 되어 있다는 것이군요.

제대로 예측했는지 눈으로 보고 확인할 수 있으면 상상하기 쉽지.

분류 상태를 시각화한다

머신러닝이 어떻게 분류하는지를 시각화해 봅시다. 분류 모습을 색깔로 구분해 그리는 함수를 만들겠습니다.

박사님. 그럭저럭 분류된 건 알겠는데, 더 확실하게 알 수 있는 방법은 없나요~?

머신러닝의 절차는 아니지만, '학습한 분류 상태'를 시각화할 수 있다면 알기 쉽겠지. 한번 해볼까?

좋아요~.

어떻게 분류되어 있는지를 보는 방법으로는 '그래프상의 모든 점의 분류를 전부 조사'하는 방법이 있어. 그래프상의 모든 점을 조사해서, 어떤 분류인지 색으로 구분해서 칠해 나가는 거야.

헉, 힘들겠어요.

컴퓨터가 하니까 괜찮아.

아, 그렇구나.

np.meshgrid 명령을 사용하면 그래프를 칸 모양으로 구획한 점의 데이터를 만들 수 있어. 이 점들 각각이 어떻게 분류되는지 조사하고 plt.pcolormesh 명령을 사용하면, 그래프 전체를 칸 모양으로 색칠할 수 있어. 시험해 보자.

np.meshgrid 명령을 사용하면 그래프를 칸 모양으로 구획한 점 데이터를 만들 수 있습니다(리스트 3.10). 각 점 데이터의 분류 값을 조사한 후 plt.pcolormesh 명령을 사용하면 그래프 전체를 칸 모양으로 색칠할 수 있습니다. 어떻게 표시되는지 테스트해 봅시다. 3×3, 8×8, 100×100 세 가지 크기로 데이터를 만들고 무지개색(rainbow) 그러데이션으로 색칠합니다.

[입력 프로그램] 리스트 3.10

```python
import matplotlib.pyplot as plt
import numpy as np

plt.subplots(figsize = (15, 5))

# pcolormesh를 사용하면 표시 범위를 분할해서 색칠할 수 있다.
# 3x3, 8x8, 100x100으로 조밀할수록 매끄럽게 칠해진다.
sizelist = [3, 8, 100] ················· 세 가지 크기 리스트
for i in range(3):
    size =sizelist[i]
    X, Y = np.meshgrid(np.linspace(0, 10, size+1), ········ 점 데이터 작성
                       np.linspace(0, 10, size+1))
    C = np.linspace(0, 100, size*size).reshape(size, size)
    plt.subplot(1, 3, i+1)
    plt.pcolormesh(X, Y, C, cmap = "rainbow") ················· 무지개색으로 칠한다.

plt.show()
```

출력 결과

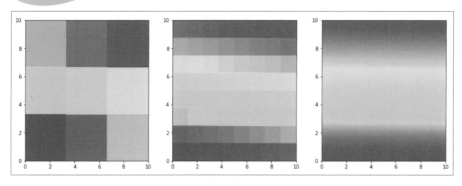

칸이 조밀하면 매끄럽게 칠해지네요.

이런 성질을 이용해서 '분류 상태를 그리는 함수'를 만들어 볼 거야(리스트 3.11). 그래프상의 모든 점을 예측해서 어느 분류 인지 칠하는 거지. 프로그램이 좀 길어지지만 힘내 보자. 나중에 몇 번이고 사용할 수 있는 편리한 함수야.

으앙~ 단번에 난도가 올라갔어요~

이건 머신러닝의 본줄기가 아니기 때문에 내용은 이해하지 못 해도 돼. 일단 프로그램에 주석을 달아 뒀으니까 참고하고.

편하게 입력해야겠다. 이 책 10페이지의 샘플 데이터를 다운로드 할 수 있는 거지요? 'plot_boundary.txt'에 프로그램이 적혀 있으니 복사해버려야지.

LESSON
11

[입력 프로그램] 리스트 3.11

```python
import numpy as np
import matplotlib.pyplot as plt
from matplotlib.colors import ListedColormap


# 산포도에 분류 상태를 그리는 함수
def plot_boundary(model, X, Y, target, xlabel, ylabel):
    # 점과 색칠 컬러맵
    cmap_dots = ListedColormap(["#1f77b4", "#ff7f0e", "#2ca02c"])
    cmap_fills = ListedColormap(["#c6dcec", "#ffdec2", "#cae7ca"])

    plt.figure(figsize = (5, 5))
    # 모델이 있으면 표시 범위의 점을 모두 예측해서 색을 칠한다.
    if model:
        # 표시 범위를 조금 넓혀 분할하고, 조사하는 점(200x200)을 준비한다.
        XX, YY = np.meshgrid(
            np.linspace(X.min()-1, X.max()+1, 200),
            np.linspace(Y.min()-1, Y.max()+1, 200))
        # 모든 점의 값을 모델로 예측한다.
```

```
    pred = model.predict(np.c_[XX.ravel(), YY.ravel()]).reshape(XX.shape)
    # 예측결과 값(0~2)의 색(cmap_fills)으로 칠한다.
    plt.pcolormesh(XX, YY, pred, cmap = cmap_fills, shading = "auto")
    # 경계를 회색으로 칠한다
    plt.contour(XX, YY, pred, colors = "gray")
# target 값(0~2)의 색(cmap_dots)으로 점을 그린다.
plt.scatter(X, Y, c = target, cmap = cmap_dots)
plt.xlabel(xlabel)
plt.ylabel(ylabel)
plt.show()
```

 plot_boundary 함수 사용법을 간단히 설명해 줄게. 인수로 학습된 모델, X축으로 사용할 특징량, Y축으로 사용할 특징량, 분류 값, X축용 라벨, Y축용 라벨을 설정하면 '데이터의 산포도'와 '학습된 모델로 어떻게 분류되어 있는지' 그릴 수 있어.

흐음.

 게다가, '학습된 모델'을 'None(없음)'으로 지정하면 산포도만 그릴 수도 있다는 건 덤이지. 자, 설명하는 것보다 직접 해 보는 편이 이해가 빨라. 실제로 시험해 보자.

서식: 산포도에 분류 상태를 그리는 함수

```
plot_boundary(model, X, Y, target, xlabel, ylabel)
```

- model = 분류를 수행하는 학습된 모델(None으로 하면, 산포도만 그린다.)
- X = X축에 사용할 특징량
- Y = Y축에 사용할 특징량
- target = 분류 값
- xlabel = X축용 라벨
- ylabel = Y축용 라벨

그럼, '대상을 두 종류로 분류하는 학습'의 '학습한 상태의 산포도'를 살펴보자(리스트 3.12). 테스트용 특징량으로 데이터 프레임(df)을 만들어 학습 모델에 전달하고 예측 데이터(pred)를 만드는 거야. 이걸 plot_boundary 함수에 넘겨줘 보자. 첫 번째 인수를 None(없음)으로 지정하면, 산포도만 그릴 수도 있어. 그러니까 아래 세 가지 명령만으로 그릴 수 있는 거지.

[입력 프로그램] 리스트 3.12

```
# 테스트용 특징량(X_test)으로 데이터 프레임을 만든다.
df = pd.DataFrame(X_test)

# 테스트용 특징량(X_test)을 넘겨주고 예측 데이터를 만든다.
pred = model.predict(X_test)

# 산포도만 그린다
plot_boundary(None, df[0], df[1], pred, "df[0]", "df[1]")
```

출력 결과

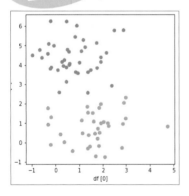

지금까지 여러 줄로 작성했던 '색이 다른 산포도'를 단 한 줄로 그려버리네요.

여기에 '학습한 분류의 상태'를 추가해서 그려보자(리스트 3.13). plot_boundary의 첫 번째 인수로 인수로 학습 모델(model)을 넘겨 줄거야.

[입력 프로그램] 리스트 3.13

```
# 분류 상태를 그린다.
plot_boundary(model, df[0], df[1], pred, "df[0]", "df[1]")
```

출력 결과

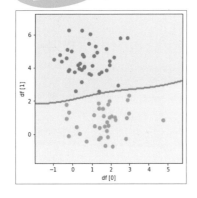

오오오! 색으로 나뉘었어요. 이런 식으로 분류되어 있구나!

경계를 알 수 있도록 경계선을 회색으로 그려 봤어.

재미있어요~. 다른 데이터도 더 보고 싶어요!

그럼, make_moons를 사용해 '초승달 모양 클러스터'의 경우를
시험해보자. 이건 직선으로 분할할 수 없는 데이터야.

make_moons로 초승달형 데이터 세트를 만들고 모델을 만들어 학습시킨 다음 학습된 분류 상태를
산포도로 그려봅시다(리스트 3.14).

[입력 프로그램] 리스트 3.14

```
from sklearn.datasets import make_moons

# 랜덤 시드3, 노이즈 0.1, 300개의 초승달형 데이터 세트
X, y = make_moons(random_state = 3, ·············· 초승달 형태를 작성
        noise = 0.1,
        n_samples = 300)
```

```
# 특징량 데이터(X)로 데이터 프레임 만들기
df = pd.DataFrame(X)
# 모델을 만들어 학습한다.
model = svm.SVC()
model.fit(X, y)
# 분류 상태를 그린다.
plot_boundary(model, df[0], df[1], y, "df[0]", "df[1]")
```

출력 결과

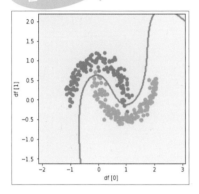

대박~ 구불구불 구부러져 있어요.

하나 더 해보자. make_circles를 이용하면 '이중 원 형태의 클러스터'를 만들 수 있어.

make_circles로 이중 원형 데이터 세트를 만들고 모델을 만들어 학습시킨 다음, 학습된 분류 상태를 산포도로 그려봅시다(리스트 3.15).

[입력 프로그램] 리스트 3.15

```
from sklearn.datasets import make_circles

# 랜덤 시드 3, 노이즈 0.1, 300개의 이중 원형 데이터 세트
X, y = make_circles(random_state = 3, ············· 이중 원을 작성
          noise = 0.1,
          n_samples = 300)
```

```
# 특징량 데이터(X)로 데이터 프레임 만들기
df = pd.DataFrame(X)
# 모델을 만들어 학습한다.
model = svm.SVC()
model.fit(X, y)
# 분류 상태를 그린다.
plot_boundary(model, df[0], df[1], y, "df[0]", "df[1]")
```

출력 결과

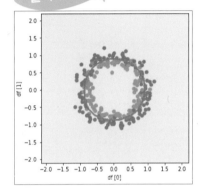

그렇구나~ 원의 안과 밖으로 구분되어 있구나.

시각화하면, 분류 상태를 파악하기 쉬워지지.

제 4 장

머신러닝의 다양한 알고리즘

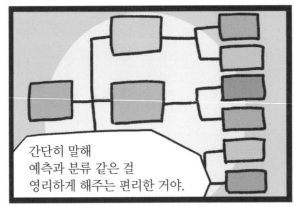

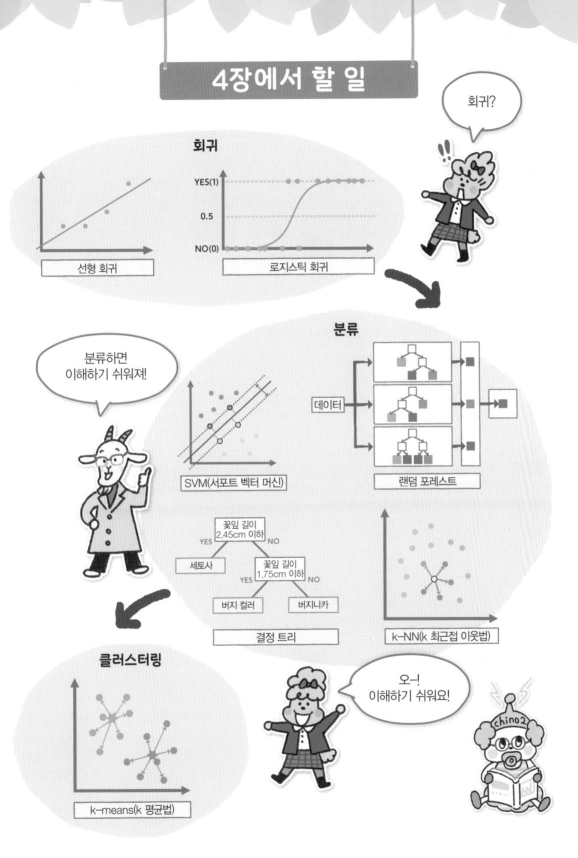

4장에서 할 일

회귀?

회귀

YES(1)

0.5

NO(0)

선형 회귀

로지스틱 회귀

분류하면
이해하기 쉬워져!

분류

데이터

SVM(서포트 벡터 머신)

랜덤 포레스트

꽃잎 길이
2.45cm 이하

YES   NO

세토사   꽃잎 길이
1.75cm 이하

YES   NO

버지 컬러   버지니카

결정 트리

k-NN(k 최근접 이웃법)

클러스터링

오-!
이해하기 쉬워요!

k-means(k 평균법)

chino2

LESSON

12

회귀 : 선형 회귀

[선형 회귀] 예측하고 싶은 상황을 수치로 입력하면 예측 결과를 수치로 출력하는 알고리즘

머신러닝의 기본적인 절차를 알아봤으니, 다음은 다양한 머신러닝 알고리즘을 소개하지. 머신러닝은 '어떤 사고방식으로 선을 그리는가(예측이나 분류를 하는가)?'에 따라서, 여러 가지 방법이 있는데, 그 방법을 '머신러닝 알고리즘'이라고 해.

어떤 게 있나요?

예를 들어 회귀와 분류는 무엇을 예측하는지가 달라. 회귀는 '어떤 수치가 될지를 예측하고 싶을 때' 사용하고, 이에 반해 분류는 '이것이 무엇인지 예측하고 싶을 때' 사용하지.

같은 예측이라도 다르군요.

먼저 선형 회귀를 살펴볼까.

뭐가 선형이라는 거죠?

산포도 상의 점의 나열 상태를 보고, 선을 그릴 수 있는 법칙성이 보일 때 '선을 그리고 예측한다'고 해서 선형 회귀라고 해.

그럼 회귀는 뭔가요?

'원래대로 돌아간다'는 뜻이야. 현실 세계에서는 오차나 여러 요인이 영향을 미쳐 데이터에 다소 차이가 날 수 있어. 그런데 오차가 없으면 원래 이 선 모양으로 돌아갈 거야. 즉 이 선 형태로 회귀할 것이라는 뜻이지.

회귀란 이상의 법칙이라는 거네요.

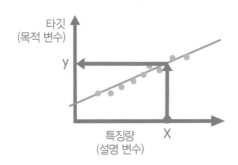

어떤 알고리즘일까?

선형 회귀는 예측하고자 하는 상황(설명 변수 X)을 수치로 입력하면, 예측 결과(목적 변수 y)를 수치로 출력하는 알고리즘입니다. '예측하고 싶은 상황(설명 변수 X)'과 '예측되는 결과(목적 변수 y)'에 강한 상관관계가 있을 때 쓸 수 있는 방법입니다.

예를 들어, '기온이 높을수록 아이스크림은 많이 팔린다'는 강한 상관관계가 있으면, '기온'으로 '아이스크림 판매량'을 예측할 수 있습니다. '방이 넓을수록 월세가 비싸다'라는 강한 상관관계가 있으면 '방 넓이'로 '월세'를 예측할 수 있습니다.

상관관계가 강한 데이터를 산포도로 나타내면 점의 나열이 선을 그은 것처럼 보입니다. 약간 편차는 있지만, '편차가 있는 것은 현실 세계에는 오차나 여러 가지 요인이 있기 때문이며, 본래 오차가 없으면 이런 선이 될 것이다'라고 예상되는 선을 생각할 수 있습니다.

이 선을 직선으로 연결한 것을 선형 회귀(linear regression)라고 하고, 직선이 아닌 선으로 연결한 것은 비선형 회귀(non-linear regression)라고 합니다.

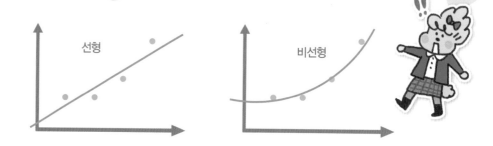

선형

비선형

선형 회귀에서는 '직선을 어느 각도로 어느 위치로 그릴 것인가'를 알고리즘으로 구하는데, 주로 최소 제곱법을 사용합니다. 그린 선과 실제 데이터의 오차가 가장 작아지는 선을 구하는 방법입니다. 다만, 그린 선과 실제 데이터의 오차를 그대로 합계해 버리면, 실제 데이터는 그린 선의 플러스 방향에도 마이너스 방향에도 있기 때문에, 플러스와 마이너스로 상쇄되어 올바르게 구할 수 없습니다. 그래서 차이를 제곱 하여 합계를 구합니다. 이 값이 최소가 되도록 함으로써, 오차가 적은 선을 구할 수 있습니다. 그래서 '최소 제곱법'이라고 하는 것입니다.

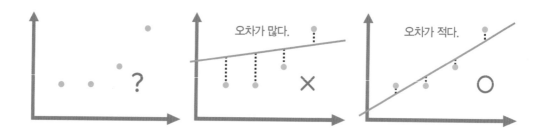

오차가 많다.

오차가 적다.

선형 회귀는 그래프로 나타내면 법칙성을 눈으로 보고 이해할 수 있어 설명하기 쉽고, 매개변수 조정도 거의 필요 없으므로 사용하기 쉬운 알고리즘입니다.

모델 사용법

선형 회귀 모델은 `LinearRegression`으로 만듭니다. 모델의 fit 명령에 '설명 변수 X'와 '목적 변수 y'를 넘겨주고 학습시킵니다.

서식

```
모델 = LinearRegression()
모델.fit(설명 변수 X, 목적 변수 y)
```

학습시킨 모델에 `predict` 명령으로 '설명 변수 X'를 넘겨주면 예측 결과가 반환됩니다.

LESSON
12

서식

예측 결과 = 모델.predict(설명 변수 X)

① 새 노트북을 만든다

가장 먼저, 이 장의 프로그램을 입력할 노트북을 준비합시다.

Colab Notebook의 경우, 처음에 나오는 대화 상자에서 '새 노트'를 클릭하거나 파일 메뉴에서 '새 노트'를 선택합니다(Jupyter Notebook의 경우, 오른쪽 상단 [New▼] 메뉴에서 'Python 3'을 선택합니다). ❶ 왼쪽 상단의 파일 이름을 'MLtest4.ipynb' 등으로 변경합시다.

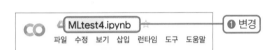

시험해 보자

샘플 데이터를 만들어 선형 회귀를 시험해 봅시다.

② 우선, 데이터를 준비한다

선형 회귀에서 사용하기 쉬운 데이터 세트를 자동으로 생성합시다(리스트 4.1). 랜덤 시드가 3, 특징량은 1개, 노이즈 20, 점은 30개로 합니다. 어떻게 데이터가 배치되어 있는지 산포도로 확인해 둡시다.

[입력 프로그램] 리스트 4.1

```
from sklearn.datasets import make_regression
from sklearn.metrics import accuracy_score
import pandas as pd
import matplotlib.pyplot as plt
%matplotlib inline

# 랜덤 시드3, 특징량 1개, 노이즈량 20, 30개의 데이터 세트를 만든다.
X, y = make_regression(
    random_state = 3,
    n_features = 1,
```

```
noise = 20, ················ 노이즈 20
n_samples = 30)

# 각 열 데이터(X)로 데이터 프레임 만들기
df = pd.DataFrame(X)
# X축에 특징량 0, Y축에 y로 산포도 그리기
plt.figure(figsize = (5, 5))
plt.scatter(df[0], y, color = "b", alpha = 0.5)
plt.grid()
plt.show()
```

출력 결과

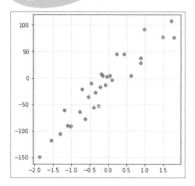

비스듬하게 선을 그릴 수 있을 것 같은 데이터이군요. 이 데이터 세트를 사용하여 학습합시다(리스트 4.2). 다음 순서대로 진행하세요.

③ 데이터를 훈련 데이터와 테스트 데이터로 나눈다.

④ 선형 회귀 모델에 훈련 데이터를 사용하여 학습시킨다.

⑤ 테스트 데이터를 사용하여 예측하고 정답률을 테스트한다.

⑥ 산포도에 예측 선을 그려서 확인해 본다.

[입력 프로그램] 리스트 4.2

```python
from sklearn.linear_model import LinearRegression
from sklearn.metrics import r2_score
from sklearn.model_selection import train_test_split

# 훈련 데이터, 테스트 데이터로 나눈다.
X_train, X_test, y_train, y_test=train_test_split(X, y, ↵
random_state = 0)

# 선형 회귀 학습 모델을 만든다(훈련 데이터로).
model = LinearRegression()
model.fit(X_train, y_train)

# 정답률을 조사한다(테스트 데이터로).
pred = model.predict(X_test)
score = r2_score(y_test, pred)
print("정답률:", score*100, "%")

# 산포도에 예측한 점을 많이 그려 선으로 만든다.
plt.figure(figsize = (5, 5))
plt.scatter(X, y, color = "b", alpha = 0.5) ····················· 산포도 작성
plt.plot(X, model.predict(X), color = 'red') ················· 예측 선을 그린다.
plt.grid()
plt.show()
```

LESSON
12

출력 결과

정답률 : 84.98344774428922 %

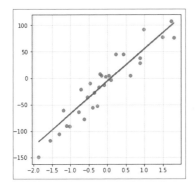

그럴듯해 보이는 선이 그려졌습니다. 편차가 적은 데이터를 자동으로 생성했기 때문에 정답률이 84.9%이지만, 좀 더 편차가 많은 경우라면 어떻게 될까요? 랜덤 폭을 넓혀서 시도해 봅시다(리스트 4.3).

❶ 데이터를 준비한다. – 노이즈를 80으로 늘린 회귀용 데이터 세트를 자동 생성으로 만듭니다. 그 후 다음과 같은 처리를 합니다. ❷ 데이터를 나눈다. ❸ 모델에 학습시킨다. ❹ 테스트 데이터로 테스트한다. ❺ 산포도에 예측 선을 그린다.

[입력 프로그램] 리스트 4.3

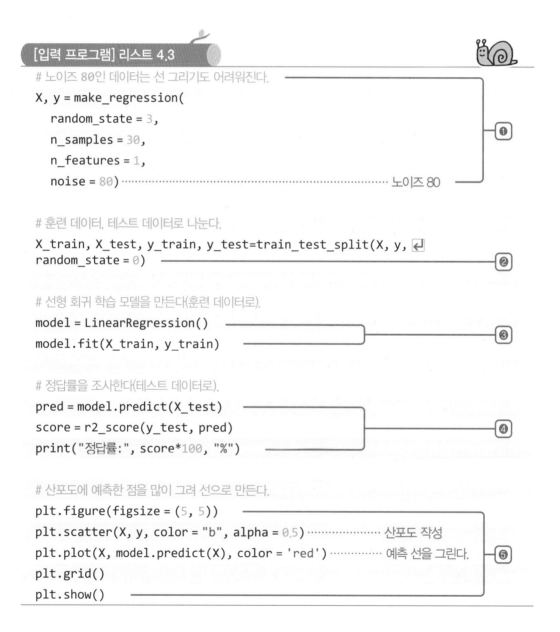

```python
# 노이즈 80인 데이터는 선 그리기도 어려워진다.
X, y = make_regression(
    random_state = 3,
    n_samples = 30,
    n_features = 1,
    noise = 80)                                          노이즈 80    ❶

# 훈련 데이터, 테스트 데이터로 나눈다.
X_train, X_test, y_train, y_test=train_test_split(X, y, ↵
random_state = 0)                                                    ❷

# 선형 회귀 학습 모델을 만든다(훈련 데이터로).
model = LinearRegression()
model.fit(X_train, y_train)                                          ❸

# 정답률을 조사한다(테스트 데이터로).
pred = model.predict(X_test)
score = r2_score(y_test, pred)
print("정답률:", score*100, "%")                                      ❹

# 산포도에 예측한 점을 많이 그려 선으로 만든다.
plt.figure(figsize = (5, 5))
plt.scatter(X, y, color = "b", alpha = 0.5)              산포도 작성
plt.plot(X, model.predict(X), color = 'red')           예측 선을 그린다.   ❺
plt.grid()
plt.show()
```

출력 결과

정답률: 33.025689869605145 %

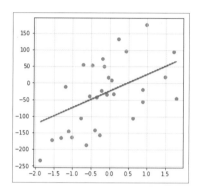

선을 그렸지만 조금 무리가 가는 선이네요. 정답률도 약 33.0%로 낮은 것 같습니다.
데이터의 상관 관계가 애초에 약하면 예측하기 어렵습니다.

LESSON
12

원래부터 관계성이
약하면 예측이 어렵군요.

LESSON

13

분류 : 로지스틱 회귀

【로지스틱 회귀】 YES인가 NO인가 등의 분류를 회귀로 예측하는 알고리즘

다음은 '로지스틱 회귀'야. 이름이 회귀라고 되어 있지만, 분류 알고리즘이지.

복잡하게 왜 그런대요~?

선형 회귀는 산포도 상의 다양한 값의 점에 잘 선을 그어 '설명 변수 X가 어떤 값일 때 결과가 되는 목적 변수 y를 예측하는 알고리즘'이었지?

'이 값일 때, 어떤 수치가 될지' 알아볼 때 사용하지요.

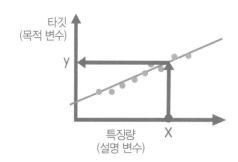

그렇지만, 결과가 'A아니면 B'라든가 'YES나 NO'와 같은 두 종류의 결과가 되는 데이터에 대해서는 잘 예측할 수 없어. 선을 그리면 이런 느낌이 되지.

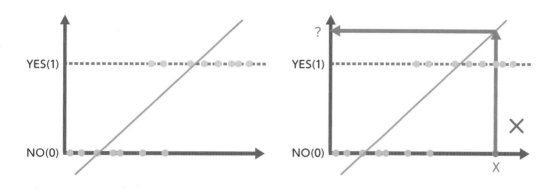

그건 그렇네요. 답이 2개인데 이렇게 곧은 선을 그리니 이상해요.

그렇지? 그래서 이 선에 모든 값을 0~1 사이로 변환하는 '로지스틱 시그모이드 함수'를 적용해 보는 거야. 그러면 결과가 0~1 이라는 두 값으로 수렴되어 두 개의 답에 적합한 선이 되지.

LESSON
13

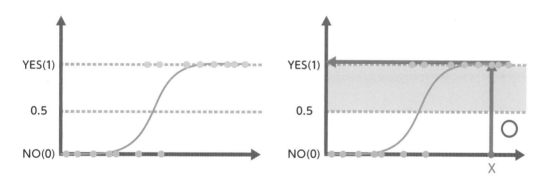

아! 이거라면 데이터랑 잘 맞는 거 같아요!

이게 로지스틱 회귀야. '이 데이터의 법칙은 원래 그 선의 형태로 돌아갈 것이다'라는 의미에서는 회귀지만, 얻어지는 예측은 'YES(1)나 NO(0) 어느 쪽이 되는가' 하는 분류이지. 그래서 로지스틱 회귀는 분류에 사용되는 거야.

어떤 알고리즘일까?

로지스틱 회귀는 'YES나 NO'라는 두 종류(경우에 따라서는 세 종류 이상)의 분류를 회귀로 예측하는 알고리즘입니다. 이름은 회귀라고 되어 있지만, 분류 알고리즘입니다.

결과가 두 종류인 데이터에 대해 선형 회귀를 시행하면 데이터가 선 위에 올라가지 않아 제대로 예측할 수 없습니다. 그래서 그 선에 "입력한 모든 값을 0~1 사이로 변환한다"라는 로지스틱 시그모이드 함수를 사용하면 결과가 0~1 사이에 들어가서 2종류의 결과를 예측하는데 잘 맞는 선이 됩니다. 이 선의 0.5 이상이면 YES, 그렇지 않으면 NO라고 판단함으로써, YES인지 NO인지를 분류할 수 있는 것입니다.

두 가지로 분류하는 것을 이항 로지스틱 회귀 분석이라고도 하고, 세 가지 이상으로 분류할 수 있도록 하는 것은 다항 로지스틱 회귀 분석이라고도 합니다.

 # 모델 사용법

로지스틱 회귀 모델은 LogisticRegression으로 만듭니다. 모델의 fit 명령에 '설명 변수 X'와 '목적 변수 y'를 넘겨주고 학습시킵니다.

 서식

```
모델 = LogisticRegression()
모델.fit(설명 변수 X, 목적 변수 y)
```

학습시킨 모델에 predict 명령으로 설명 변수 X를 넘겨주면 예측 결과가 반환됩니다.

 서식

```
예측 결과 = 모델.predict(설명 변수 X)
```

시험해 보자

여기서 알려 둘 것이 있습니다. 이 장에서 이 뒤로는 대부분 분류 알고리즘을 시험합니다. 분류 모습을 눈으로 보고 이해하기 쉽도록 3장에서 만든 분류 상태를 그리는 함수를 사용하고 싶습니다. 이 노트북에도 리스트 4.4의 `plot_boundary` 함수를 입력하세요.

※ 다음 프로그램을 직접 입력해도 좋고, 입력하기 힘든 사람은 10페이지의 URL에서 샘플 데이터를 다운로드하여, plot_boundary.txt의 프로그램을 이용하세요.

[입력 프로그램] 리스트 4.4

```python
import numpy as np
import matplotlib.pyplot as plt
from matplotlib.colors import ListedColormap

# 산포도에 분류 상태를 그리는 함수
def plot_boundary(model, X, Y, target, xlabel, ylabel):
    cmap_dots = ListedColormap(["#1f77b4", "#ff7f0e", "#2ca02c"])
    cmap_fills = ListedColormap(["#c6dcec", "#ffdec2", "#cae7ca"])
    plt.figure(figsize = (5, 5))
    if model:
        XX, YY = np.meshgrid(
            np.linspace(X.min()-1, X.max()+1, 200),
            np.linspace(Y.min()-1, Y.max()+1, 200))
        pred = model.predict(np.c_[XX.ravel(), YY.ravel()]).reshape(XX.shape)
        plt.pcolormesh(XX, YY, pred, cmap=cmap_fills, shading = "auto")
        plt.contour(XX, YY, pred, colors = "gray")
    plt.scatter(X, Y, c = target, cmap = cmap_dots)
    plt.xlabel(xlabel)
    plt.ylabel(ylabel)
    plt.show()
```

그럼, 샘플 데이터를 만들어 로지스틱 회귀를 시험해 봅시다.

① 우선, 데이터를 준비한다

두 가지로 분류하기 쉬운 데이터 세트를 자동으로 생성합니다. 랜덤 시드 0, 특징량 2, 클러스터 수 2,

LESSON 13

편차 1인 점 300개로 합니다. 어떠한 데이터인지, '특징량 X의 선두 5개'와 '목적 변수 y'의 값을 확인해 둡시다(리스트 4.5).

[입력 프로그램] 리스트 4.5

```python
from sklearn.datasets import make_blobs

# 랜덤 시드 0, 특징량 2, 클러스터 수 2, 편차 1, 300개의 데이터 세트를 만든다.
X, y = make_blobs(
    random_state = 0,
    n_features = 2,
    centers = 2,
    cluster_std = 1,
    n_samples = 300)

df = pd.DataFrame(X)
print(df.head())
print(y)
```

출력 결과

```
         0        1
0  3.359415  5.248267
1  2.931100  0.782556
2  1.120314  5.758061
3  2.876853  0.902956
4  1.666088  5.605634
[0 1 0 1 0 0 1 0 1 1 1 0 1 0 0 1 0 0 1 0 1 0 0 0 1 1 0 1 1 0 ↵
 1 0 0 0 1 1 1
 1 0 0 1 0 0 1 0 0 1 1 1 1 1 1 1 1 0 0 1 1 0 1 1 0 1 1 0 0 ↵
 1 0 0 1 1 1 0
 1 0 0 1 0 0 1 0 1 0 0 0 1 1 0 0 1 1 1 0 1 0 1 1 0 1 1 0 0 0 ↵
 0 1 0 1 0 0 1
 0 0 1 0 0 1 0 1 1 1 0 0 1 0 1 1 1 1 0 1 1 1 1 0 1 1 1 0 ↵
 1 0 1 1 0 1 1
 1 0 1 0 0 1 1 1 0 0 1 0 0 0 0 1 0 0 0 0 1 0 0 1 1 0 0 0 0 0 ↵
 1 1 0 0 0 0 1
 1 0 1 0 0 1 1 1 0 1 1 0 1 1 0 1 0 1 0 1 1 1 0 1 0 1 0 0 1 1 1 0 0 ↵
 0 1 0 0 1 0 1
```

```
0 1 0 0 1 0 0 1 0 0 1 1 1 0 0 0 1 1 1 1 1 1 0 1 0 0 1 1 1 0 ↵
0 1 0 0 1 0 1
1 0 1 0 0 0 1 1 0 0 0 0 0 1 1 0 0 0 0 0 0 0 1 1 1 0 0 1 1 1 0 ↵
0 0 1 1 0 1 1
0 1 1 0]
```

수치만으로는 이해하기 어려우니 이 데이터를 산포도로 그려봅시다. plot_boundary 함수의 첫 번째 인수를 'None(없음)'으로 설정하면 산포도로 나타낼 수 있습니다(리스트 4.6).

[입력 프로그램] 리스트 4.6

```
plot_boundary(None, df[0], df[1], y, "df[0]", "df[1]")
```

출력 결과

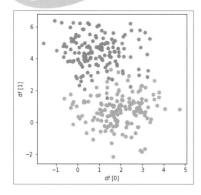

두 종류로 분류할 수 있을 것 같은 데이터가 생성되었습니다. 이제 학습을 시키고 분류 상태를 표시해 봅시다(리스트 4.7). 다음과 같은 순서로 실시합니다.

② **데이터를 교육 데이터와 테스트 데이터로 나눈다.**

③ **로지스틱 회귀 모델을 훈련 데이터를 사용하여 학습시킨다.**

④ **테스트 데이터를 사용하여 예측을 수행하고 정답률을 테스트한다.**

⑤ **학습 모델의 분류 상태를 그려서 확인해 본다.**

[입력 프로그램] 리스트 4.7

```python
from sklearn.model_selection import train_test_split
from sklearn.linear_model import LogisticRegression
from sklearn.metrics import accuracy_score

# 훈련 데이터, 테스트 데이터로 나눈다.
X_train, X_test, y_train, y_test = train_test_split(X, y,↵
random_state = 0)

# 로지스틱 회귀 학습 모델을 만든다(훈련 데이터로).
model = LogisticRegression()
model.fit(X_train, y_train)

# 정답률을 조사한다(테스트 데이터로).
pred = model.predict(X_test)
score = accuracy_score(y_test, pred)
print("정답률:", score*100, "%")

# 이 학습 모델의 분류 상태를 그린다(테스트 데이터로).
df = pd.DataFrame(X_test)
plot_boundary(model, df[0], df[1], y_test, "df[0]", "df[1]")
```

출력 결과

정답률: 96.0 %

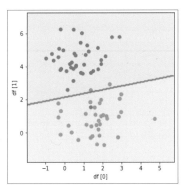

다음은 세 종류로 분류하는 경우를 시험해 봅시다(리스트 4.8).

❶ 우선, 데이터를 준비한다. – 클러스터 수를 3개로 늘린 분류용 데이터 세트를 자동으로 생성합니다. 그 이후의 처리는 다음과 같이 동일합니다. ❷ 데이터를 나눈다. ❸ 모델에 학습시킨다. ❹ 테스트 데이터로 테스트한다. ❺ 분류 상태를 그린다.

[입력 프로그램] 리스트 4.8

```
# 랜덤 시드 5, 특징량 2, 클러스터 수 3, 편차 1, 300개의 데이터 세트를 만든다.
X, y = make_blobs(
    random_state = 5,
    n_features = 2,
    centers = 3, ......................... 클러스터 수는 3
    cluster_std = 1,
    n_samples = 300)                                                    ❶

# 훈련 데이터, 테스트 데이터로 나눈다.
X_train, X_test, y_train, y_test=train_test_split(X, y, ↵
random_state = 0)                                                       ❷

# 로지스틱 회귀 학습 모델을 만든다(훈련 데이터로).
model = LogisticRegression()
model.fit(X_train, y_train)                                             ❸

# 정답률을 조사한다(테스트 데이터로).
pred = model.predict(X_test)
score = accuracy_score(y_test, pred)
print("정답률:", score*100, "%")                                        ❹

# 이 학습 모델의 분류 상태를 그린다(테스트 데이터로).
df = pd.DataFrame(X_test)
plot_boundary(model, df[0], df[1], y_test, "df[0]", "df[1]")            ❺
```

LESSON
13

출력 결과

정답률: 82.66666666666667 %

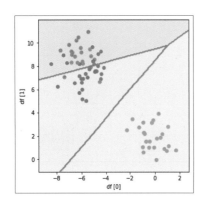

세 종류로 분류할 수 있었습니다. 덧붙여 시그모이드 함수는 $\dfrac{1}{1+e^{-x}}$ 이라는 식으로 나타냅니다. 그래프로 그리려면 리스트 4.9처럼 됩니다.

[입력 프로그램] 리스트 4.9

```
# x의 값(-10~10을 200개로 분할)
xx = np.linspace(-10, 10, 200)

# 시그모이드 함수
yy = 1 / (1 + np.exp(-xx))

plt.scatter(xx, yy, color = "r")
plt.grid()
plt.show()
```

출력 결과

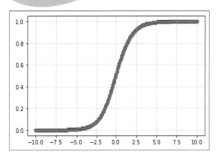

분류 : SVM
(서포트 벡터 머신)

【SVM (서포트 벡터 머신)】 가능한 한 공평한 경계선을 그려 분류를 예측하는
알고리즘

다음은 영상 인식이나 음성 인식과 같은 패턴 식별에 자주 사용
되는 인기 알고리즘 'SVM(서포트 벡터 머신)'이야.

어떤 알고리즘인가요?

조금 복잡하니까 구체적인 예를 들어 볼게. 예를 들어, '귤과 자몽'
이 있다고 하자. 어떻게 분류해야 할까?

그야 간단하죠. 보면 바로 알 수 있어요.

우린 그때 뭘 보고 판단하는 걸까?

색…이라든가 크기, 모양…일까요.

그렇지. 구별하기 쉬운 특징에 주목해서 판단하겠지. '색'이나
'크기'라면 구별이 될 것 같구나. 하지만, '모양'이라고 해도 '위
에서 본 모양'이라면 어떨까?

위에서 보면 둘 다 똑같을 거 같아요.

그 밖에 예를 들어 '씨앗 크기'라는 구별하기 어려운 특징에 주목
한다고 해도 귤과 자몽을 분류하긴 힘들어.

씨앗이라면 잘 모르겠네요. 그렇군요. 우리는 구별하기 쉬운 특징을 보고 구별하고 있어요

머신러닝(기계학습)에서도 마찬가지야. 우선 '구별하기 쉬운 특징에 주목하는 것'이 중요해. 이건 SVM뿐만 아니라 다른 알고리즘의 분류에서도 중요한 일이야.

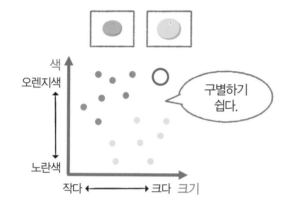

구별하기 쉽다.

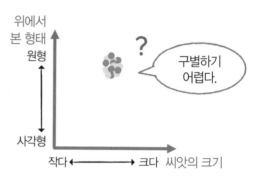

구별하기 어렵다.

그럼, '구별하기 쉬운 특징'을 준비하면 그걸로 되는 건가요?

아니, 알고리즘의 활약은 이제부터야. 예를 들어, 구별하기 쉬운 '색'과 '크기'에 주목했다고 하자. 산포도에서 보면 '오렌지색이고 크기가 작은 편'인 것이 귤이고, '노란색이고 크기가 큰 편'인 것이 자몽이라고 생각할 수 있어.

귤 그룹, 자몽 그룹이 생겼군요.

그럼, 여기에 경계선을 어떻게 그리면 좋을까?

오렌지색과 노란색 사이에 비스듬히 적당히 그리면 될까요?

컴퓨터에는 '적당히'가 없어. 어떤 기울기로 어느 위치에 선을 그릴지 결정해야만 해. 그걸 결정하는 게 알고리즘이고. SVM 알고리즘에서는 '경계선에 가까운 점'에 주목해서 생각해. 이걸 '서포트 벡터'라고 부르고, 서포트 벡터를 사용해 선을 그리기 때문에 '서포트 벡터 머신'인 거지.

아~. 그런데 이 점을 어떻게 사용하나요?

선을 그릴 때 경계선에 가까운 점까지의 거리가 가능한 한 멀어지도록 선을 그리는 거야.

네? 뭐라고요, 최대한 멀리요?

경계선은 땅따먹기 게임의 경계선 같은 거야. 자기 땅의 경계선은 자기로부터 되도록 멀리 그려 두는 편이 땅을 넓게 차지할 수 있지. 하지만 상대방도 똑같이 생각하고 있어.

경계선은 멀리 있는 편이 자신에게 유리해진다는 거군요.

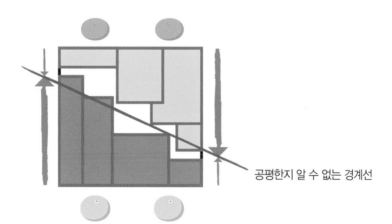

공평한지 알 수 없는 경계선

게임이라면 이걸 경쟁하며 즐기면 되지만, 올바르게 판단하는 인공지능을 위한 경계선을 그려야 하니까 치우치지 않는 경계선을 그리고 싶은 거야. 그래서 자기 쪽에서도 상대 쪽에서도 가급적 먼 경계선을 그리려고 하면, 결과적으로 공평한 분류의 경계선이 되는 셈이지.

어느 쪽에 가까워지면 편파적인 경계선이 되어 버리는 거군요.

공평한 경계선

SVM에서는 이것을 '서포트 벡터로부터의 마진(여백)'을 사용해서 생각해. 각각의 서포트 벡터로부터 경계선까지의 거리가 가장 멀어지도록 선을 그려서 공평한 분류의 경계선을 구하는 거야.

대단한 발상이네요.

서포트 벡터

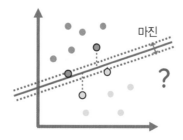

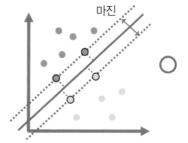

이런 사고방식을 바탕으로 학습 데이터에 충실하게 경계선을 그린 것을 하드 마진(Hard Margin)이라고 하지.

단단한 여백이군요.

하지만 현실 세계의 데이터에는 오차가 포함되는 경우가 많아. 너무 데이터에 충실한 경계선을 그려버리면 오차의 영향을 받아 부자연스러운 선이 될 수 있어. 약간의 오차를 허용해서 느슨한 선을 그리는 편이 자연스러운 선을 그릴 수 있지. 그게 소프트 마진이야. 그리고 머신러닝에서는 이 소프트 마진(Soft Margun)을 사용해.

현실 세계에 맞추는 방법이구나~

한 가지 더 '커널 트릭'에 관해서도 설명해 두지.

트릭? 마술이요? 저 마술 정말 좋아해요!

귤과 자몽을 분류할 때는 직선으로 나눌 수 있었지? 하지만 데이터에 따라서는 직선으로 분할할 수 없는 데이터도 있어. 그런 경우, 경계선에 가까운 점으로부터 마진이 최대가 되는 선을 그리기가 어려워.

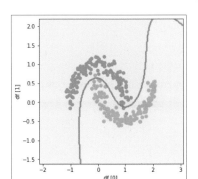 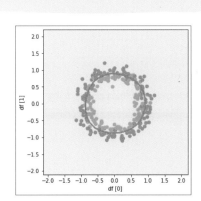

LESSON
14

확실히. 이런 둥글둥글한 데이터에는 사용할 수 없네요.

그래서 커널 트릭이 등장하는 거지. '2차원으로 안된다면, 차원을 늘려 다른 시점에서 보면 해결할 수 있을지도 모른다'는 아이디어야.

어? 이거 2장에서도 했던 거죠?

예를 들어, 2차원으로 보면 원형인 데이터는 3차원으로 보면 산 모양의 데이터일지도 몰라. 그렇다면 수평으로 똑바로 둥글게 자르면 분류할 수 있지. 그리고 그걸 다시 2차원으로 되돌려주면 되는 거야.

그렇구나~ 진짜 마술같아요.

이 커널 트릭 덕분에 SVM의 응용 범위가 넓어진 거야.

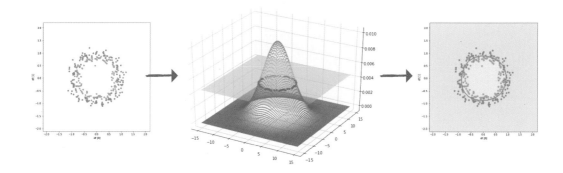

모델 사용법

SVM(서포트 벡터 머신) 모델은 `svm.SVC`로 만듭니다. 선형분류를 할 때는 `kernel = "linear"`로 지정합니다. 비선형 분류를 할 때는 `kernel = "rbf"`로 지정합니다. 또한 `gamma` 매개 변수의 값을 크게 하면 경계선이 복잡해지고, 작게 하면 경계선이 단순해지게 조정할 수 있습니다. 값을 지정하지 않고 "scale"이나 "auto"로 설정할 수도 있습니다. 모델의 `fit` 명령에 '설명 변수 X'와 '목적 변수 y'를 주고 학습시킵니다.

서식

선형 분류

모델 = svm.SVC(kernel = "linear")
모델.fit(설명 변수 X, 목적 변수 y)

비선형 분류

모델 = svm.SVC(kernel = "rbf", gamma = "scale")
모델.fit(설명 변수 X, 목적 변수 y)

학습시킨 모델에 `predict` 명령으로 '설명 변수 X'를 넘겨주면, 예측 결과가 반환합니다.

예측결과 = 모델.predict(설명 변수 X)

시험해 보자

이제 샘플 데이터를 만들고 SVM(서포트 벡터 머신)을 시험해 봅시다(리스트 4.10).

❶ 우선 데이터 준비한다 – 세 가지로 분류하기 쉬운 데이터 세트를 자동 생성합시다. 랜덤 시드는 4, 특징량은 2개, 클러스터 수는 3개, 편차 2로 점 500개를 만듭니다.

샘플 데이터를 생성한 후, 다음 단계를 차례로 시행합니다. ❷ 데이터를 나눈다. ❸ 모델에 학습시킨다. ❹ 테스트 데이터로 테스트한다. ❺ 분류 상태를 그린다.

[입력 프로그램] 리스트 4.10

```python
from sklearn import svm

# 랜덤 시드 4, 특징량 2, 클러스터 수 3, 편차 2로 500개의 데이터 세트를 만든다.
X, y = make_blobs(                                    ┐
    random_state = 4,                                 │
    n_features = 2,                                   │
    centers = 3,                                      ├─❶
    cluster_std = 2,                                  │
    n_samples = 500)                                  ┘

# 훈련 데이터, 테스트 데이터로 나눈다.
X_train, X_test, y_train, y_test=train_test_split(X, y, ⏎
random_state = 0)                                     ──❷

# 선형 SVM으로 학습 모델을 만든다(훈련 데이터로).
model = svm.SVC(kernel = "linear") ·············· 선형  ┐
                                                      ├─❸
model.fit(X_train, y_train)                           ┘

# 정답률을 조사한다(테스트 데이터로).
pred = model.predict(X_test)                          ┐
score = accuracy_score(y_test, pred)                  ├─❹
print("정답률:", score*100, "%")                       ┘
```

LESSON
14

```
# 이 학습 모델의 분류 상태를 그린다(테스트 데이터로).
df = pd.DataFrame(X_test)
plot_boundary(model, df[0], df[1], y_test, "df[0]", "df[1]")
```
⑤

출력 결과

정답률: 89.60000000000001 %

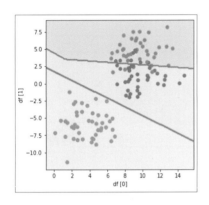

직선을 이용해 셋으로 분류할 수 있었습니다. 다음은 비선형 분류를 사용해 봅시다(리스트 4.11).

데이터는 그대로 사용합니다. 경계선의 복잡도는 **gamma = 1**로 해보겠습니다. 다음 단계를 차례로 시행합니다. ❸ 비선형(가우스 커널법) 모델을 사용하여 학습시킨다. ❹ 테스트 데이터로 테스트한다. ❺ 분류 상태를 그린다.

[입력 프로그램] 리스트 4.11

```
# 가우스 커널법의 SVM으로 학습 모델을 만든다(훈련 데이터로).
model = svm.SVC(kernel = "rbf", gamma = 1) ………… 비선형, 감마 1
model.fit(X_train, y_train)

# 정답률을 조사한다(테스트 데이터로).
pred = model.predict(X_test)
score = accuracy_score(y_test, pred)
print("정답률:", score*100, "%")
```
④

```
# 이 학습 모델의 분류 상태를 그린다(테스트 데이터로).
```

```
df = pd.DataFrame(X_test)
plot_boundary(model, df[0], df[1], y_test, "df [0]", "df [1]")
```
⑤

출력 결과

정답률: 85.6 %

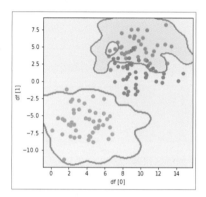

비선형 경계선이 되었습니다. gamma 값이 커지면 복잡한 경계선이 되고, 작게 하면 단순한 선이 됩니다. 예를 들어, gamma 값을 조금 더 크게 해서 gamma = 10으로 변경해 보겠습니다(리스트 4.12).

LESSON
14

[입력 프로그램] 리스트 4.12

```
# 가우스 커널법의 SVM으로 학습 모델을 만든다(훈련 데이터로).
model = svm.SVC(kernel = "rbf", gamma = 10) ··········· 비선형, 감마 10
model.fit(X_train, y_train)

# 정답률을 조사한다(테스트 데이터로).
pred = model.predict(X_test)
score = accuracy_score(y_test, pred)
print("정답률:", score*100, "%")

# 이 학습 모델의 분류 상태를 그린다(테스트 데이터로).
df = pd.DataFrame(X_test)
plot_boundary(model, df[0], df[1], y_test, "df[0]", "df[1]")
```

정답률: 72.8 %

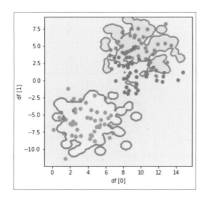

경계선이 상당히 복잡해졌습니다. 경계선이 개별 데이터의 영향을 지나치게 받고 있습니다.

이러면 학습 데이터에 조금이라도 오차가 있는 경우 정답률이 떨어져 버릴 것 같습니다. 다음은 반대로 gamma 값을 조금 작게 해서 **gamma = 0.1**로 변경합시다(리스트 4.13).

[입력 프로그램] 리스트 4.13

```
# 가우스 커널법의 SVM으로 학습 모델을 만든다(훈련 데이터로).
model = svm.SVC(kernel = "rbf", gamma = 0.1) ………… 비선형, 감마 0.1
model.fit(X_train, y_train)

# 정답률을 조사한다(테스트 데이터로).
pred = model.predict(X_test)
score = accuracy_score(y_test, pred)
print("정답률:", score*100, "%")

# 이 학습 모델의 분류 상태를 그린다(테스트 데이터로).
df = pd.DataFrame(X_test)
plot_boundary(model, df[0], df[1], y_test, "df[0]", "df[1]")
```

출력 결과

정답률: 89.60000000000001 %

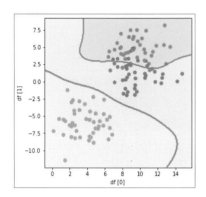

경계선이 단순해졌습니다. 어느 정도의 복잡도로 하면 좋을지는 데이터 개수나 편차 등에 따라 적당한 지점을 찾아내야 합니다. scikit-learn에는 데이터 개수나 편차로부터 자동으로 결정해 주는 'scale'이나 'auto'라는 모드가 있습니다.

기본값은 'scale'입니다(리스트 4.14). gamma = "scale"로 변경해 봅시다.

[입력 프로그램] 리스트 4.14

```python
# 가우스 커널법의 SVM으로 학습 모델을 만든다(훈련 데이터로).
model = svm.SVC(kernel = "rbf", gamma = "scale") ·········· 비선형, 스케일 모드
model.fit(X_train, y_train)

# 정답률을 조사한다(테스트 데이터로).
pred = model.predict(X_test)
score = accuracy_score(y_test, pred)
print("정답률:", score*100, "%")

# 이 학습 모델의 분류 상태를 그린다(테스트 데이터로).
df = pd.DataFrame(X_test)
plot_boundary(model, df[0], df[1], y_test, "df[0]", "df[1]")
```

출력 결과

정답률: 90.4 %

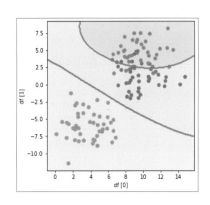 

깔끔하게 분류되었습니다. 하지만 어떤 경계선이 좋은지를 인간이 판단하고 조정하는 것도 중요합니다.

분류 : 결정 트리

【결정 트리】 두 가지로 분기되는 질문을 반복하여 분류하는 인간이 이해하기 쉬운 알고리즘

다음 알고리즘은 '결정 트리'야. 어떻게 분류해 가는지 인간이 이해하기 쉬운 알고리즘이지.

재밌겠다~.

두 가지 선택 질문으로 분기를 진행하고, 질문을 반복해서 분류해 나가는 알고리즘이야. 그림으로 표현했을 때 어떻게 분류되어 있는지 이해하기 쉬운 게 특징이야.

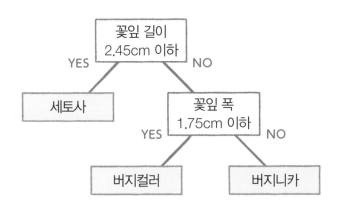

뭔가 심리 테스트 같아요. "나는 공상을 자주 한다(YES/NO)" "정리정돈을 잘한다(YES/NO)" 이런 질문에 답하다 보면 성격을 알 수 있는 테스트요.

확실히 비슷한 구조구나. 이 가지가 갈라져 나가는 모습이 '나무'처럼 보여서 트리 구조라고 하고, 그 결과로 결정하니까 '결정 트리'라고 하는 거야.

이게 '나무'인가요? 위 아래가 거꾸로 된 나무구나.

 ## 어떤 알고리즘일까?

결정 트리는 효과적인 조건으로 분기를 반복하여 분류를 예측하는 알고리즘입니다.

예를 들면, '어떤 설명 변수가 2.45 이상인지' 등의 조건으로 조사해서 YES라면 A, NO로 다시 분기가 필요하면 '어떤 설명 변수가 1.75 이하인지' 등의 조건으로 조사해서 YES라면 B, NO라면 C와 같은 식으로 분기를 반복함으로써 분류해 갑니다.

그림으로 나타내면 어떻게 분류되어 있는지 이해하기 쉬우며, 분류 상태를 시각화할 수 있는 명령(plot_tree)도 있습니다. 이런 분기 구조를 트리 구조라고 하고, 트리 구조를 사용해 결정하므로 결정 트리라고 합니다.

 ## 모델 사용법

결정 트리의 모델은 DecisionTreeClassifier로 만듭니다. 모델의 fit 명령에 '설명 변수 X'와 '목적 변수 y'를 전달하여 학습시킵니다.

서식

모델 = DecisionTreeClassifier(max_depth = None, random_state = 0)
모델.fit(설명 변수 X, 목적 변수 y)

학습시킨 모델에 predict 명령으로 '설명 변수 X'를 넘겨주면 예측 결과가 반환됩니다.

서식

예측 결과 = 모델.predict(설명 변수 X)

 시험해 보자

샘플 데이터를 만들어 결정 트리를 시험해 봅시다(리스트 4.15).

❶ 우선 데이터 준비하겠습니다. 세 가지로 분류하기 쉬운 데이터 세트를 자동으로 생성합시다. 랜덤 시드가 0, 특징량은 2개, 클러스터 수는 3개, 편차 0.6인 200개의 점을 준비합니다. 그 다음으로 ❷ 데이터 나누기. ❸ 모델에 학습시키기. ❹ 테스트 데이터로 테스트하기. ❺ 분류 상태 그리기를 실시합니다.

[입력 프로그램] 리스트 4.15

```
from sklearn.tree import DecisionTreeClassifier

# 랜덤 시드 0, 특징량 2, 클러스터 수 3, 편차 0.6으로 데이터 세트 200개를 만든다.
X, y = make_blobs(
    random_state = 0,
    n_features = 2,
    centers = 3,
    cluster_std = 0.6,
    n_samples = 200)                                  ❶

# 훈련 데이터, 테스트 데이터로 나눈다.
X_train, X_test, y_train, y_test=train_test_split(X, y, ↵
random_state = 0)                                     ❷

# 결정 트리 학습 모델을 만든다(훈련 데이터로).
model=DecisionTreeClassifier(max_depth=None, random_state = 0)  ❸
model.fit(X_train, y_train)

# 정답률을 조사한다(테스트 데이터로).
pred = model.predict(X_test)
score = accuracy_score(y_test, pred)                  ❹
print("정답률:", score*100, "%")

# 이 학습 모델의 분류 상태를 그린다(테스트 데이터로).
df = pd.DataFrame(X_test)
plot_boundary(model, df[0], df[1], y_test, "df[0]", "df[1]")  ❺
```

LESSON
15

출력 결과

정답률: 96.0 %

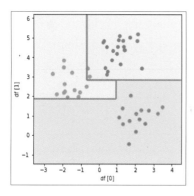

퍼즐과 같은 형태의 분류가 생겼습니다. 어째서 이런 형태로 분류된 걸까요?

이를 확인하기 위해 `plot_tree` 명령을 사용하여 트리 구조를 나타내 보겠습니다(리스트 4.16). 이해하기 쉽게 학습 모델과 특징량 이름(`feature_names`) 및 분류 결과의 이름(`class_names`)을 넘겨주고 명령을 실행합니다.

[입력 프로그램] 리스트 4.16

```
from sklearn.tree import plot_tree

plt.figure(figsize = (15, 12))
plot_tree(model, fontsize = 20, filled = True,
    feature_names = ["df[0]", "df[1]"],
    class_names = ["0", "1", "2"])
plt.show()
```

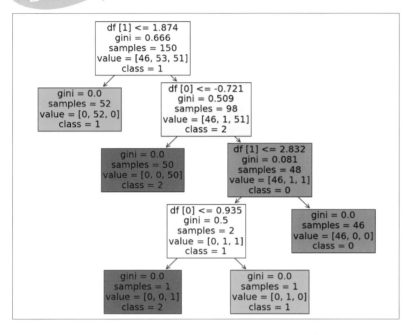

이런 분기로 분류하고 있네요. 그림을 더 자세히 살펴보겠습니다. 이 학습 모델에서는 ❶❷❸❹의 4개의 분기로 분류하고 있습니다.

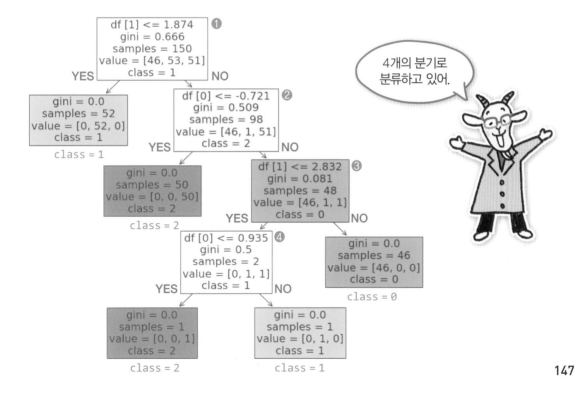

그래프상에서는 어떻게 되어 있는지 살펴보겠습니다. 우선 ❶에서는 우선 'df[1]이 1.874 이하인가?'로 분할하고, YES라면 class=1로 분류합니다. 산포도에서 보면 ❶번 선 아래가 class=1입니다. 또한 ❷에서는 'df[0]이 -0.721 이하인가?'로 분할하고, YES라면 class=2로 분류합니다. 산포도에서 남은 부분의 ❷번 선 왼쪽이 class=2입니다.

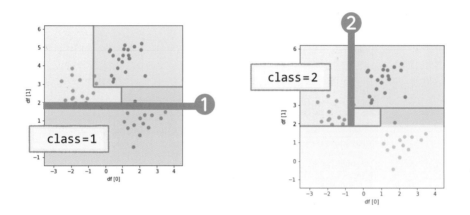

마찬가지로 계속해서 ❸에서는 'df[1]이 2.832 이하인가?'로 분할하고, NO라면 class=0으로 분류합니다. 산포도에서 남은 부분의 ❸번 선 위가 class=0이 됩니다. 또한 ❹에서는 'df[0]이 0.935 이하인가?'로 분할하고, YES라면 class=2, NO라면 class=1로 분류합니다. 산포도에서 남은 부분의 ❹번 선 왼쪽이 class=2이고 오른쪽이 class=1입니다.

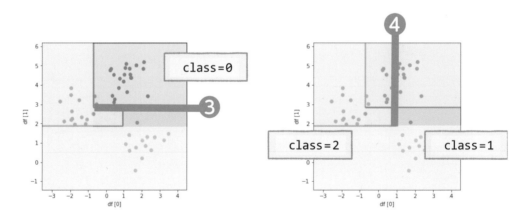

이렇게 여러 번 분할을 반복했기 때문에 퍼즐과 같은 형태로 분류된 것입니다. 이번에는 4개의 질문으로 분기했지만, '어느 깊이까지 분기를 반복할 것인지'는 사용자가 지정할 수 있습니다. 분기 횟수가 적어도 정확도가 떨어지고, 너무 깊게 분기해도 오차에 과도하게 적응해 버려 정확도가 떨어질 수 있으므로 균형을 잡는 것이 중요합니다.

시험 삼아 데이터는 그대로 두고, 분기의 깊이를 최대 2로 변경해 봅시다(리스트 4.17).

다음과 같이 실행해 봅시다. ❸ 분기의 깊이를 최대 2로 지정한 모델을 사용하여 학습시킨다. ❹ 테스트 데이터로 테스트한다. ❺ 분류 상태를 그린다.

[입력 프로그램] 리스트 4.17

```
from sklearn.tree import DecisionTreeClassifier

# 결정 트리의 학습 모델을 만든다(훈련 데이터로).
# 분기의 깊이를 최대 2로 하면, 정확도가 조금 내려가는 것을 알 수 있다.
model=DecisionTreeClassifier(max_depth=2, random_state=0)  ………… 깊이 2
model.fit(X_train, y_train)                                          ❸

# 정답률을 조사한다(테스트 데이터로).
pred=model.predict(X_test)
score=accuracy_score(y_test, pred)                                  ❹
print("정답률:", score*100, "%")

# 이 학습 모델의 분류 상태를 그린다(테스트 데이터로).
df=pd.DataFrame(X_test)
plot_boundary(model, df[0], df[1], y_test, "df [0]", "df [1]")      ❺
```

LESSON
15

출력 결과

정답률: 92.0 %

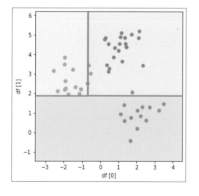

좀 더 단순한 형태로 분류되었습니다. 정답률도 약간 떨어진 것 같네요. plot_tree 명령을 사용하여 트리 구조를 살펴봅시다(리스트 4.18).

149

[입력 프로그램] 리스트 4.18

```python
from sklearn.tree import plot_tree

plt.figure(figsize=(15, 10))
plot_tree(model, fontsize=20, filled=True,
        feature_names=["df[0]", "df[1]"],
        class_names=["0", "1", "2"])
plt.show()
```

출력 결과

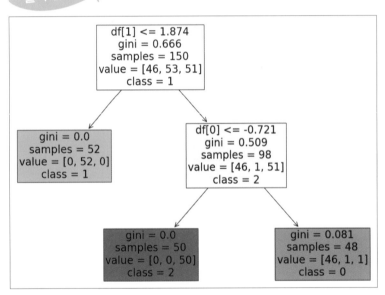

분기가 2개로 줄었습니다. 이것도 자세히 살펴보도록 하겠습니다.

이 학습 모델에서는 ❶❷의 2개의 분기로 분류를 실시합니다.

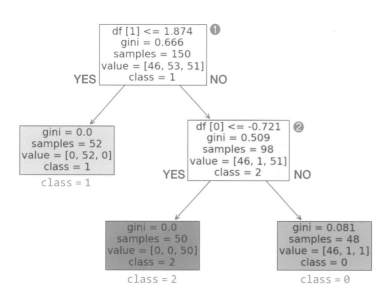

우선, ❶에서는 'df [1]이 1.874 이하인가?'로 분할하고, YES라면 class = 1로 분류합니다. 산포도에서 보면 ❶번 선 아래가 class = 1입니다. 또한, ❷에서는 'df [0]이 -0.721이하인가?'로 분할하고, YES라면 class = 2, NO라면 class = 0으로 분류합니다. 산포도에서 남은 부분의 ❷에서는 선 왼쪽이 class = 2, 오른쪽이 class = 0입니다. 아까보다 분류가 단순해진 것을 알 수 있습니다.

LESSON
15

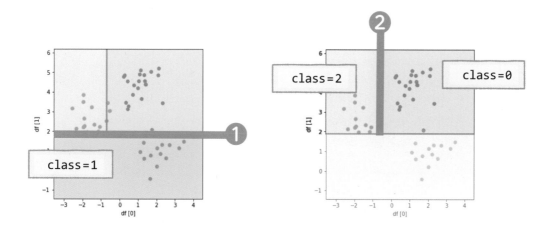

LESSON
16

분류 : 랜덤 포레스트

[랜덤 포레스트] 결정 트리를 많이 만들어 다수결로 예측을 하는 정확도 높은 알고리즘

결정 트리의 예측 정확도를 더 높이기 위해서 고안된 게 '랜덤 포레스트'야.

어떻게요?

결정 트리는 복수의 조건으로 분기해 나가는데, 실은 '어떻게 분기할 것인지'로 여러 가지 패턴을 생각해 볼 수 있지. 결정 트리에서는 유효하다고 여겨지는 어떤 한 가지 패턴을 사용해서 분류했는데, 어쩌면 다른 패턴을 사용하는 편이 좋았을 수도 있어.

다른 패턴이요?

그래서 여러 가지 분기 패턴의 결정 트리를 사용해서 예측하고, 그 예측 결과로부터 다수결로 결정하는 알고리즘인거야. 랜덤 결정 트리를 많이 모아서 만든 숲이니까 '랜덤 포레스트'인 셈이지.

'사람이 많으면 길이 열린다'의 머신러닝 버전이군요.

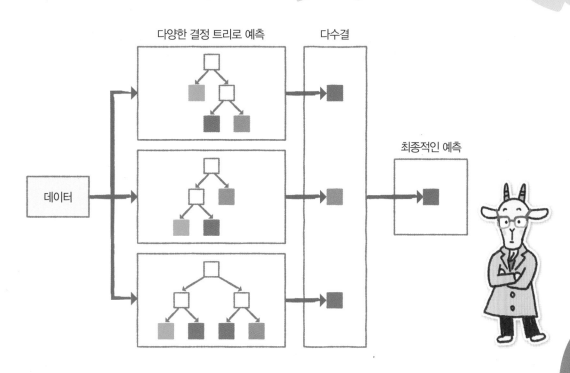

다양한 결정 트리로 예측　　　다수결

최종적인 예측

데이터

 ## 어떤 알고리즘일까?

랜덤 포레스트는 결정 트리를 많이 만들어 다수결로 예측하는 정확도 높은 알고리즘입니다. 결정 트리의 예측 정확도를 높이기 위해 고안된 기법이지요. 학습 데이터를 분할하여 여러 가지 패턴의 결정 트리 만들고 다수결로 예측합니다.

 ## 모델 사용법

랜덤 포레스트의 모델은 `RandomForestClassifier`로 만듭니다. 모델의 `fit` 명령에 '설명 변수 X'와 '목적 변수 y'를 주고 학습시킵니다.

서식

```
모델 = RandomForestClassifier()
모델.fit(설명 변수 X, 목적 변수 y)
```

학습시킨 모델에 `predict` 명령으로 '설명 변수 X'를 넘겨주면 예측 결과가 반환됩니다.

서식

예측 결과 = 모델.predict(설명 변수 X)

시험해 보자

랜덤 포레스트를 시험해 봅시다. 결정 트리의 데이터를 그대로 사용합니다(리스트 4.19). 데이터는 준비되어 있으므로 다음 순서를 따라 시행합니다. ❸ 랜덤 포레스트 모델을 사용하여 학습시킨다. ❹ 테스트데이터로 테스트한다. ❺ 분류 상태를 그린다.

[입력 프로그램] 리스트 4.19

```python
from sklearn.ensemble import RandomForestClassifier

# 랜덤 포레스트 학습 모델을 만든다(훈련 데이터로).
model = RandomForestClassifier()
model.fit(X_train, y_train)                                    ❸

# 정답률을 조사한다(테스트 데이터로).
pred = model.predict(X_test)
score = accuracy_score(y_test, pred)
print("정답률:", score*100, "%")                              ❹

# 이 학습 모델의 분류 상태를 그린다(테스트 데이터로).
df = pd.DataFrame(X_test)
plot_boundary(model, df[0], df[1], y_test, "df[0]", "df[1]")   ❺
```

정답률: 100.0 %

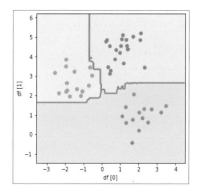

정답률이 올랐습니다. 랜덤 포레스트는 결정 트리보다 복잡하게 구부러진 선으로 분류되어 있습니다. 더 복잡하게 판단하고 있는 것을 알 수 있습니다.

정답률이 올랐네요.

LESSON
17

분류 : k-NN
(k 최근접 이웃법)

[k-NN(k 최근접 이웃법)] 가까운 것은 동료, 가까운 k개를 조사하여 다수결로 분류를 예측하는 알고리즘

k-NN(k 최근접 이웃법)은 근처에 있는 데이터를 동료라고 생각하고, 알아보고 싶은 값 근처에 있는 데이터를 조사해 무엇의 동료인지 예측하는 알고리즘이야.

왠지 알 것 같기도 한데, 가까운 게 왜 동료일까요?

산포도는 특징량을 세로축이나 가로축으로 삼고 있지? 예를 들면, 크기나 기온과 같은 특징량의 차이로 데이터를 산포시켜서 그려. 그렇다는 말은 산포도상에서 먼 것은 특징이 비슷하지 않고, 반대로 가까운 것은 특징이 비슷하다는 거야.

아하! 그래서 가까운 것은 동료라고 하는군요.

거리가 가까우면 특징도 가깝다. 이 사고방식으로 근처에 있는 k개의 분류를 조사해서, 다수결로 어느 분류에 가까울지를 예측하는 거지.

왠지, 머신러닝이 대단하다고 생각했는데, 저도 생각할 법한 일을 하고 있네요.

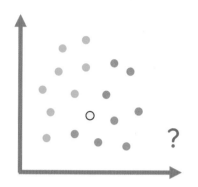

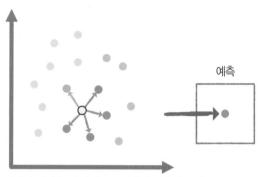

거리가 가까운 데이터를 조사해서 다수결

 ## 어떤 알고리즘일까?

k-NN(k 최근접 이웃법)은 가까운 것은 동료라고 생각해서, 가까운 k개를 조사하고 다수결로 예측하는 알고리즘입니다. 예전부터 있던 단순한 알고리즘으로, '그 점 근처에 있는 k개의 분류를 조사해서, 다수결로 어느 분류에 속하는지를 결정합니다.

예를 들어 k를 5개로 해서 조사할 경우, 새로 추가하는 점에서 거리가 가까운 5개의 점을 찾아 각각 어느 분류인지 조사합니다. 5개의 분류에서 어느 분류가 가장 많은지를 조사해서 새로운 점의 분류를 예측합니다.

가까이에 있는 k개의 분류를 조사하는 방법이므로, k 최근접 이웃법이라고 합니다. k-NN은 영어 (k-Nearest Neighbor)의 머리글자입니다.

 ## 모델 사용법

k-NN(k 최근접 이웃법)의 모델은 KNeighborsClassifier로 만듭니다. 모델의 fit 명령에 '설명 변수 X'와 '목적 변수 y'를 주고 학습시킵니다.

서식

```
모델 = KNeighborsClassifier()
모델.fit(설명 변수 X, 목적 변수 y)
```

학습시킨 모델에 predict 명령으로 '설명 변수 X'를 넘겨주면 예측 결과가 반환됩니다.

서식

```
예측 결과 = 모델.predict(설명 변수 X)
```

시험해 보자

k-NN(k 최근접 이웃법)을 시험해 봅시다.

결정 트리와 랜덤 포레스트의 데이터를 그대로 사용합니다(리스트 4.20). 데이터는 준비되어 있으므로 다음 순서를 따라 시행합니다. ❸ k–NN 모델을 사용하여 학습시킨다. ❹ 테스트 데이터로 테스트한다. ❺ 분류 상태를 그린다.

[입력 프로그램] 리스트 4.20

```python
from sklearn.neighbors import KNeighborsClassifier

# k 최근접 이웃법 학습 모델을 만든다(훈련 데이터로).
model = KNeighborsClassifier()
model.fit(X_train, y_train)                               ❸

# 정답률을 조사한다(테스트 데이터로).
pred = model.predict(X_test)
score = accuracy_score(y_test, pred)                      ❹
print("정답률:", score*100, "%")

# 이 학습 모델의 분류 상태를 그린다(테스트 데이터로).
df = pd.DataFrame(X_test)
plot_boundary(model, df[0], df[1], y_test, "df[0]", "df[1]")    ❺
```

출력 결과

정답률: 100.0 %

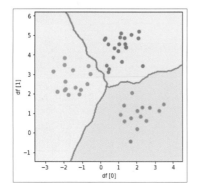

정답률 100%
우연이긴 하지만요.

클러스터링 : k-means
(k 평균법)

[k-means(k 평균법)] 가까운 것은 동료. 가까운 것끼리 그룹화하는 알고리즘

k-means(k평균법)도 가까이에 있는 데이터는 동료라는 생각을 바탕으로 한 알고리즘이야. k 최근접 이웃법에서는 '이것은 무엇인가?'하는 분류를 조사했지만, k 평균법에서는 데이터 전체를 몇 개의 그룹으로 나누지. 이걸 '클러스터링'이라고 해.

그룹으로 나눠요?

산포도상의 데이터를 보고, 거리가 가까운 것끼리 그룹화해 나가는 방법이야.

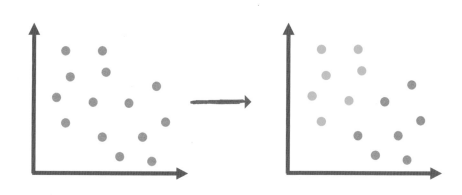

k 최근접 이웃법과는 뭐가 다른가요?

k 최근접 이웃법은 지도 학습으로, '문제(설명 변수)'와 '답(목적 변수)'을 쌍으로 해서 학습했지?

예~

하지만 k 평균법은 비지도 학습으로, 답(목적 변수)을 주지 않은 채 문제(설명 변수)만으로 학습해.

답을 몰라요? 그럼 어떻게 그룹을 나눠요?

답은 모르지만, 답을 찾는 방법은 알고 있기 때문에 할 수 있는 거야. 그게 그룹을 나누는 알고리즘이야.

흥미롭네요~ 어떤 방법인지 알려주세요.

 ## 어떤 알고리즘일까?

k-means(k 평균법)는 가까운 것은 동료로 생각하고 가까운 것끼리 그룹으로 만드는 알고리즘입니다.

k 최근접 이웃법과 k 평균법은 이름이 비슷하지만 다릅니다. k 최근접 이웃법은 '지도 학습'의 분류 알고리즘이고, k 평균법은 '비지도 학습'의 클러스터링 알고리즘입니다.

k 평균법에서는 몇 개 그룹으로 나누고 싶은지를 지정하면, 데이터 전체를 지정한 그룹 수로 분할합니다. 그룹을 나누는 방법은 기본적으로 두 가지 절차를 반복하는 것뿐입니다.

첫 번째는 '각 중심에서 가까운 점으로 그룹을 나눈다.'이고, 두 번째는 '각 그룹의 평균을 구해, 그 결과로 각각의 중심을 변경한다.'입니다. 이 절차를 중심이 변화하지 않을 때까지 반복하면 그룹을 나눌 수 있습니다.

① 첫 번째는 지정한 그룹 수의 임시 중심을 랜덤으로 결정한다.

② 다음은 그 중심에서 가까운 점을 찾아 그룹을 나눈다.

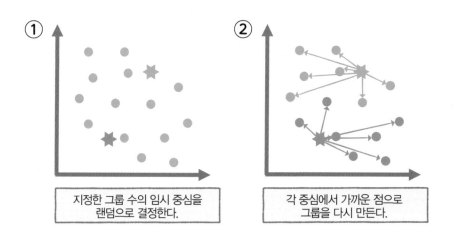

①	②
지정한 그룹 수의 임시 중심을 랜덤으로 결정한다.	각 중심에서 가까운 점으로 그룹을 다시 만든다.

③ 이번에는 각 그룹의 평균값을 구해 각각의 중심을 변경한다. 중심이 이동하면 계속한다.

④ 각 중심에서 가까운 점을 찾아 그룹을 다시 만든다.

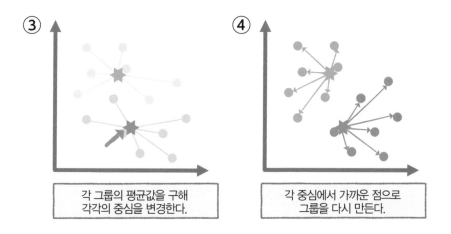

③	④
각 그룹의 평균값을 구해 각각의 중심을 변경한다.	각 중심에서 가까운 점으로 그룹을 다시 만든다.

⑤ 또 각 그룹의 평균값을 구해 각각의 중심을 변경한다. 중심이 이동하면 계속한다.

⑥ 각 중심에서 가까운 점을 찾아 그룹을 다시 만든다.

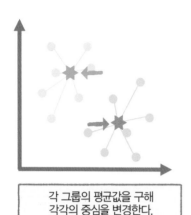

각 그룹의 평균값을 구해
각각의 중심을 변경한다.

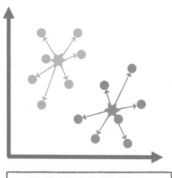

각 중심에서 가까운 점으로
그룹을 다시 만든다.

⑦ 또 각 그룹의 평균값을 구해 각각의 중심을 변경한다.
중심이 움직이지 않게 되면 그룹 만들기를 종료한다.

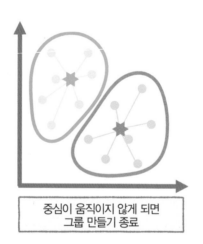

중심이 움직이지 않게 되면
그룹 만들기 종료

k개의 클러스터(그룹) 평균값을 사용하여 그룹을 나누기 때문에 k 평균법이라고 합니다.

 모델 사용법

- -

k-means(k 평균법) 모델은 **KMeans**로 만듭니다. 모델의 fit 명령에 '특징량 X'만 주고 학습시킵니다.

모델 = KMeans(n_clusters = 그룹 수)
모델.fit(특징량 X)

학습시킨 모델에 predict 명령으로 '설명 변수 X'를 넘겨주면, 새로운 데이터가 어느 그룹에 속하는지 예측할 수 있습니다.

예측 결과 = 모델.predict(설명 변수 X)

 시험해 보자

LESSON
18

k-means(k평균법)을 사용해 봅시다. 이번에도 k 최근접 이웃법의 데이터를 사용합시다(리스트 4.21). 그러나 k–평균법은 비지도 학습입니다. 분할하기 전 전체 데이터의 '특징량 X'만을 사용합니다. 세 개 그룹으로 나누는 k 평균법 모델을 만들어 '특징량 X'만을 넘겨주고 그룹을 나누게 합니다. 그런 다음 생성된 모델을 이용하여 분류 상태를 그려봅시다.

[입력 프로그램] 리스트 4.21

```
from sklearn.cluster import KMeans

# k평균법 학습 모델을 만든다(세 그룹으로 나눈다).
model = KMeans(n_clusters = 3)
model.fit(X)

# 이 학습 모델의 분류 상태를 그린다(모든 데이터로).
df = pd.DataFrame(X)
plot_boundary(model, df[0], df[1], y, "df[0]", "df[1]")
```

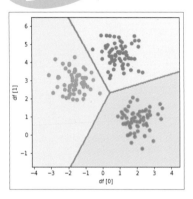

 출력 결과

데이터가 세 그룹으로 나뉘어졌습니다. 왠지 당연해 보이네요. 이번에는 두 그룹으로 나누어 봅시다 (리스트 4.22). 두 그룹으로 나누는 k 평균법 모델을 만들어 똑같이 그룹을 나누고, 분류 상태를 그려보 겠습니다.

[입력 프로그램] 리스트 4.22

```
# k평균법 학습 모델을 만든다(두 그룹으로 나눈다).
model = KMeans(n_clusters = 2)
model.fit(X)

# 이 학습 모델의 분류 상태를 그린다(모든 데이터로).
df = pd.DataFrame(X)
plot_boundary(model, df[0], df[1], y, "df[0]", "df[1]")
```

출력 결과

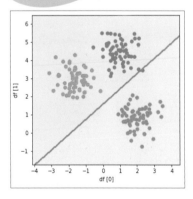

그룹이
나뉘어졌어요.

데이터가 2개 그룹으로 나뉘어졌습니다. 파란색과 초록색을 하나의 그룹으로, 빨간색을 다른 그룹으로 해석한 것 같습니다.

제 5 장

치노 다시 한 번!
이미지로 숫자를 예측하자

다솜 양, 치노를 기억하나요?

네! 물론이죠!

여기선 치노에게 데이터를 주고 숫자를 예측하게 해 볼 거야.

DATA

DATA

『Python 1학년』 때는 뭘 하고 있는지 잘 몰랐지만, 지금이라면 알 수 있어요.

오오! 믿음직스럽군!

맡겨주세요-!

우쭐!

우쭐!

그럼 함께 시작해 볼까!

네-!

5장에서 할 일

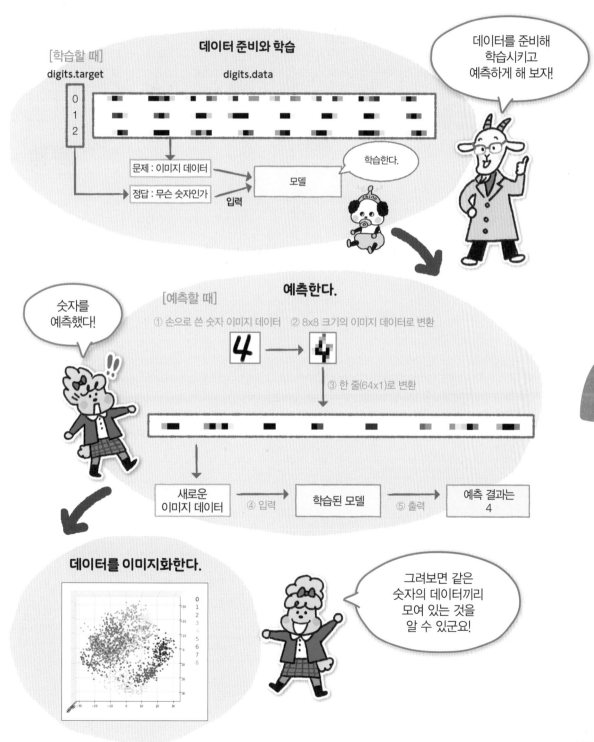

데이터 준비와 학습

[학습할 때]
digits.target

digits.data

0
1
2

데이터를 준비해
학습시키고
예측하게 해 보자!

문제 : 이미지 데이터
정답 : 무슨 숫자인가
입력

모델

학습한다.

예측한다.

[예측할 때]

① 손으로 쓴 숫자 이미지 데이터   ② 8x8 크기의 이미지 데이터로 변환

4 → 4

③ 한 줄(64x1)로 변환

숫자를
예측했다!

새로운
이미지 데이터
④ 입력

학습된 모델
⑤ 출력

예측 결과는
4

데이터를 이미지화한다.

0
1
2
3
4
5
6
7
8

그려보면 같은
숫자의 데이터끼리
모여 있는 것을
알 수 있군요!

LESSON
19

데이터를 준비한다

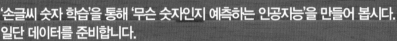

'손글씨 숫자 학습'을 통해 '무슨 숫자인지 예측하는 인공지능'을 만들어 봅시다.
일단 데이터를 준비합니다.

자동 생성 데이터로 연습했으니 이번엔 구체적인 데이터로 만들어보자. '손글씨 숫자 이미지를 입력하면, 무슨 숫자인지 예측하는 인공지능'이야.

아! 그거 『Python 1학년』 때 만든 '치노'네요! 인공지능이니까 '치노'라고 내가 이름을 붙였는데. 그립네요.

그때는 머신러닝을 잘 이해하지 못한 채 입력하고 동작시켰지만, 지금 다시 만들면 뭘 하는지 이해할 수 있을 거야.

치노가 어떻게 생각하는지 드디어 알 때가 온 거네요!

그럼 만들러 가자!

전체의 흐름

① 데이터를 준비한다.
② 데이터를 학습용과 테스트용으로 나눈다.
③ 모델을 선택하여 학습한다.
④ 모델을 테스트한다.
⑤ 새로운 값을 넘겨주고 예측한다.

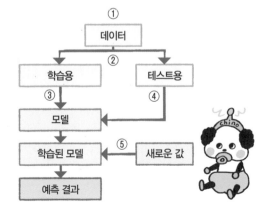

① 새 노트북을 만든다

가장 먼저, 이 장의 프로그램을 입력할 노트북을 준비합시다.

Colab Notebook의 경우, 처음에 나오는 대화 상자에서 '새 노트'를 클릭하거나 파일 메뉴에서 '새 노트'를 선택합니다(Jupyter Notebook의 경우, 오른쪽 상단 [New▼] 메뉴에서 'Python 3'을 선택합니다).

❶ 왼쪽 상단의 파일 이름을 'MLtest5.ipynb' 등으로 변경합시다.

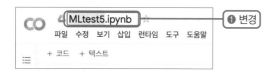

우선 '① 데이터를 준비한다'부터 시작하자(리스트 5.1). digits = load_digits()로 '손글씨 숫자 샘플 데이터'를 읽어 들이는 거야. 어떤 데이터인지 print(digits)로 내용물을 살펴보자.

[입력 프로그램] 리스트 5.1

```python
import pandas as pd
from sklearn.datasets import load_digits

# 데이터를 읽어들인다.
digits = load_digits()
# 내용을 확인한다.
print(digits)
```

출력 결과

```
{'data': array([[ 0., 0., 5., …, 0., 0., 0.],
    [ 0., 0., 0., …, 10., 0., 0.],
    [ 0., 0., 0., …, 16., 9., 0.],
    …,
'target': array([0, 1, 2, …, 8, 9, 8]), 'target_names': ↵
array([0, 1, 2, 3, 4, 5, 6, 7, 8, 9]), 'images': array([[[ 0., ↵
0., 5., …, 1., 0., 0.],
    (… 생략 …)
'DESCR': ".. _digits_dataset:\n\nOptical recognition of ↵
handwritten digits dataset … **Data Set Characteristics:**\n↵
(… 생략: 끝에 표시되는 표는 다음 페이지를 참조하세요.)
```

LESSON
19

여러 가지가 들어 있네요~

제목을 보면 data, target, target_names, images, DESCR 등의 데이터가 있는 것을 알 수 있지. DESCR은 description의 약자로, 데이터 세트에 관한 설명이지.

앗. 이 설명, 영어예요.

그럴 때는 인공지능으로 번역하자. Google 번역에서 'Optical recognition of handwritten digits dataset'을 입력하니 '필기 숫자 데이터세트의 광학적 인식'으로 번역되네.

인공지능을 만드는 데 인공지능을 사용하는 건가요~

이 뒤에는 자세한 설명이 쓰여 있어. 그 설명과 데이터 이름을 통해 data는 '학습용 이미지 데이터', target은 '그 이미지 데이터에 대응하는 번호', target_names는 '그 target 번호가 무슨 숫자 인가', images는 이미지 데이터를 8×8로 나열해 보기 쉽게 만든 데이터라는 걸 알 수 있지.

들어 있는 데이터

데이터 이름	내용
data	학습용 이미지 데이터
target	그 이미지 데이터에 대응하는 번호
target_names	그 target 번호가 무슨 숫자인가
images	이미지 데이터를 8×8로 나열해 보기 쉽게 만든 것
DESCR	이 데이터 세트에 관한 설명

'이미지로부터 숫자를 예측하는 학습'을 하고 싶으니, '학습용 이미지 데이터(digits.data)'와 '그것이 무슨 숫자인가(digits.target)'를 사용해서 학습할 거야. 우선, digits.data를 데이터 프레임으로 읽어 오자(리스트 5.2).

[입력 프로그램] 리스트 5.2

```
df = pd.DataFrame(digits.data)
df
```

출력 결과

	0	1	2	3	4	5	6	7	8	9	10	11	12	13	14	15	1		57	58	59	60	61	62	63
0	0.0	0.0	5.0	13.0	9.0	1.0	0.0	0.0	0.0	0.0	13.0	15.0	10.0	15.0	5.0	0.0	0.		0.0	6.0	13.0	10.0	0.0	0.0	0.0
1	0.0	0.0	0.0	12.0	13.0	5.0	0.0	0.0	0.0	0.0	0.0	11.0	16.0	9.0	0.0	0.0	0.		0.0	0.0	11.0	16.0	10.0	0.0	0.0
2	0.0	0.0	0.0	4.0	15.0	12.0	0.0	0.0	0.0	0.0	3.0	16.0	15.0	14.0	0.0	0.0	0.		0.0	0.0	3.0	11.0	16.0	9.0	0.0
3	0.0	0.0	7.0	15.0	13.0	1.0	0.0	0.0	0.0	8.0	13.0	6.0	15.0	4.0	0.0	0.0	0.		0.0	7.0	13.0	13.0	9.0	0.0	0.0
4	0.0	0.0	0.0	1.0	11.0	0.0	0.0	0.0	0.0	0.0	0.0	7.0	8.0	0.0	0.0	0.0	0.0		0.0	0.0	2.0	16.0	4.0	0.0	0.0
...	...	...	...	...	...	...	...	...	...	...	...	...	...	...	...	...	...		...	...	...	...	...	...	...
1792	0.0	0.0	4.0	10.0	13.0	6.0	0.0	0.0	0.0	1.0	16.0	14.0	12.0	16.0	3.0	0.0	0.0		0.0	2.0	14.0	15.0	9.0	0.0	0.0
1793	0.0	0.0	6.0	16.0	13.0	11.0	1.0	0.0	0.0	0.0	16.0	15.0	12.0	16.0	1.0	0.0	0.0		0.0	6.0	16.0	14.0	6.0	0.0	0.0
1794	0.0	0.0	1.0	11.0	15.0	1.0	0.0	0.0	0.0	0.0	13.0	16.0	8.0	2.0	1.0	0.0	0.0		0.0	2.0	9.0	13.0	6.0	0.0	0.0
1795	0.0	0.0	2.0	10.0	7.0	0.0	0.0	0.0	0.0	0.0	14.0	16.0	16.0	15.0	1.0	0.0	0.0		0.0	5.0	12.0	16.0	12.0	0.0	0.0
1796	0.0	0.0	10.0	14.0	8.0	1.0	0.0	0.0	0.0	2.0	16.0	14.0	6.0	1.0	0.0	0.0	0.		1.0	8.0	12.0	14.0	12.0	1.0	0.0

1797 rows × 64 columns

한 줄 한 줄이 숫자의 이미지 데이터이고, 모두 1,797행이야.
즉, 이미지 데이터가 1,797개 있다는 말이지.

많이 있네요.

이 데이터가 무엇을 나타내는지는 `target_names`를 보면 돼.
표시해 보자(리스트 5.3).

[입력 프로그램] 리스트 5.3

```
print(digits.target_names)
```

출력 결과

```
[0 1 2 3 4 5 6 7 8 9]
```

숫자가 나왔어요.

171

1,797개의 이미지 데이터는 0~9의 숫자 이미지 데이터라는 거야. 왼쪽부터 차례로 나열되어 있네. 즉, target이 0번이면 '숫자 0', 1번이면 '숫자 1'이는 것을 나타내지.

그런 거구나.

일부러 그렇게 했다고 생각하지만, 'target_names 값'을 보지 않아도, 'target 번호'를 보면 그대로 무슨 숫자인지 알 수 있게 되어 있어. 앞에서부터 10개의 target의 값을 표시해 보자(리스트 5.4). 선두 10행의 이미지 데이터가 무슨 숫자인지 알 수 있지.

[입력 프로그램] 리스트 5.4

```
for i in range(10):
    print(digits.target[i])
```

출력 결과

```
0
1
2
3
4
5
6
7
8
9
```

0에서 9네요. 나란히 줄 서 있어요.

사실 처음 30개 정도는 보기 좋게 나열되어 있지만, 그 다음부터는 제각각으로 들어가 있어.

중간부터 데이터 만드는 데 지쳤을까요?

여기에 대응하는 이미지 데이터도 눈으로 보고 확인해 두자.
처음 10개의 `digits.data`의 이미지를 표시해 보자(리스트 5.5).

[입력 프로그램] 리스트 5.5

```
%matplotlib inline
import matplotlib.pyplot as plt

for i in range(10):
    # 세로로 10개 나열한다.
    plt.subplot(10, 1, i+1)
    plt.axis("off")
    plt.title(digits.target[i])
    plt.imshow(digits.data[i:i+1], cmap = "Greys")
plt.show()
```

출력 결과

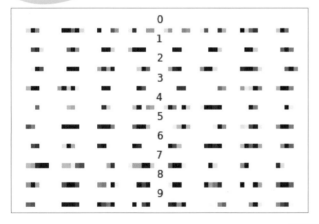

이게 뭐죠? 숫자가 아니네요.

 이게 0~9의 숫자에 대응하는 이미지 데이터야. 머신러닝에 넘겨
줄 수 있게 가로로 한 줄에 나열한 데이터로 변환한 것이지.

이걸 넘겨주나요? 치노는 이걸 숫자로 생각하고 학습하는 걸까.

인간이 숫자라고 알아보려면 데이터를 8×8로 나열해야 해. 그 변환을 이미 해 주고 있는 것이 target.images야. 이건 인간이 확인하기 위한 데이터지. 이미지로 표시해 보자(리스트 5.6). 이번에는 가로로 10개를 나열해 볼게.

[입력 프로그램] 리스트 5.6

```python
for i in range(10):
    # 가로로 10개 나열한다.
    plt.subplot(1, 10, i+1)
    plt.axis("off")
    plt.title(digits.target[i])
    plt.imshow(digits.images[i], cmap = "Greys")
plt.show()
```

출력 결과

```
0  1  2  3  4  5  6  7  8  9
0  1  2  3  4  5  6  7  8  9
```

흐릿하지만 이 정도면 숫자라고 알 수 있어요.

하지만, 머신러닝에서는 이런 형식으로 학습할 수 없기 때문에, 8×8 이미지를 한 줄(64×1)로 변환해서 학습시키는 거야.

왜 그런 복잡한 작업을 하나요?

이제부터 사용할 SVM 모델에서는 인간처럼 '선이 구부러진 정도로 숫자를 판단'하는 학습을 하는 게 아니야. '64개의 설명 변수로 숫자를 판단'하는 학습을 하는 거지.

설명 변수가 64개나 있어요! 연습할 때는 2~3개였는데.

인간처럼 이해하는 건 아니지만, 이렇게 많은 설명 변수를 사용하기 때문에 분류할 수 있다는 거야.

치노는 숫자를 이런 식으로 생각하는 거네요.

숫자 이미지 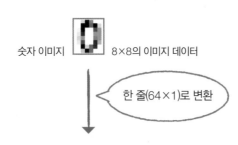 8×8의 이미지 데이터

한 줄(64×1)로 변환

	0	1	2	3	4	5	6	7	8	9	10		52	53	54	55	56	57	58	59	60	61	62	63
0	0.0	0.0	5.0	13.0	9.0	1.0	0.0	0.0	0.0	0.0	13.0		10.0	12.0	0.0	0.0	0.0	0.0	6.0	13.0	10.0	0.0	0.0	0.0

학습시킨다.

모델

LESSON
19

175

학습 데이터를 준비한다

데이터를 학습용과 테스트용으로 나누어 사용합니다. 학습용 데이터를 준비합니다.

데이터가 준비됐으니, 여기서 다시 한번 '어떻게 학습하고 예측할 것인지' 정리해서 생각해 보자.

네-에.

'이미지에서 숫자를 예측하는 학습'을 하고 싶으니까, '숫자의 이미지 데이터(digits.data)'를 문제로, '무슨 숫자인가(digits.target)'를 답으로 넘겨주면 학습할 수 있을 거야.

'이미지 데이터'가 한 줄로 나열된 데이터군요.

[학습할 때]

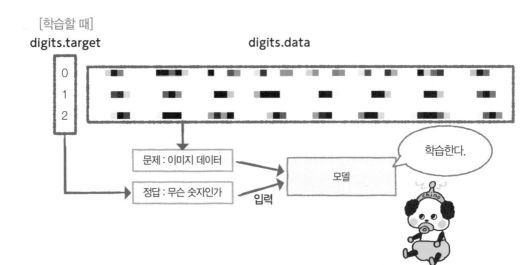

학습에 성공하면, 이미지에서 숫자를 예측할 수 있어. 단, 이때 넘겨주는 데이터도 '학습한 데이터와 같은 형식의 데이터'라야 해. 손글씨 이미지 데이터를 8×8의 모자이크 이미지로 변환하고, 다시 한 줄(64×1)의 데이터로 변환하는 처리가 필요하지.

학습한 데이터랑 똑같이 맞추는 군요.

[예측할 때]

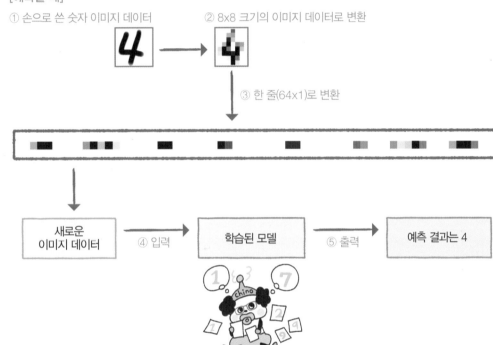

① 손으로 쓴 숫자 이미지 데이터   ② 8x8 크기의 이미지 데이터로 변환

③ 한 줄(64x1)로 변환

새로운 이미지 데이터 ──④ 입력→ 학습된 모델 ──⑤ 출력→ 예측 결과는 4

이런 방향으로 만들 수 있겠어. 그럼 진행해 보자. 다음은 '② 데이터를 학습용과 테스트용으로 나눈다'를 할 거야.

train_test_split로 할 수 있는 거였지요?

그렇지. 숫자 이미지 데이터(digits.data)를 X에, 무슨 숫자인지(digits.target)를 y에 넣고 분할하자(리스트 5.7). 75%가 학습용으로, 25%가 테스트용으로 분할되니까 개수를 확인해 보자.

[입력 프로그램] 리스트 5.7

```
from sklearn.model_selection import train_test_split

X = digits.data
y = digits.target

#데이터를 분할한다.
X_train, X_test, y_train, y_test=train_test_split(X, y, ↵
random_state = 0)
print("train =", len(X_train))
print("test =", len(X_test))
```

출력 결과

```
train = 1347
test = 450
```

학습용이 1,347개니까 1,797의 75%, 테스트용이 450개니까
1,797의 25%. 잘 분할됐구나.

학습하게 한다

모델을 준비해서 학습하게 합니다. 이번에는 이미지 인식을 잘하는 SVM을
사용합니다.

학습용 데이터가 생겼으니, 다음은 '③ 모델을 선택하여 학습한다'
차례구나.

드디어 머신러닝이네요.

모델은 이미지 인식에서 자주 사용되는 SVM(지원 벡터 머신)을
사용할 거야. 실은 미리 시험해 봤는데, 이 데이터의 경우 비선
형 분류인 kernel="rbf"로 하고, 경계선 복잡도는 'gamma =
0.001'로 하는 게 좋았어. 이렇게 하자.

박사님, 절 위해 미리 조사해 주셨군요. 감사합니다.

학습 프로그램은 순식간에 끝나니까, 하는 김에 '④ 모델을 테스
트한다'도 함께 해 버릴거야.

학습 모델로는 'SVM(Support Vector Machine)'을 사용합니다. 이때 비선형 분류인 kernel = "rbf"로
하고, 경계선 복잡도는 gamma = 0.001로 합니다(리스트 5.8).

모델 작성

```
model = svm.SVC(kernel = "rbf", gamma = 0.001)
```

참고로 svm.SVC에서는 kernel = "rbf"가 기본이므로, kernel을 지정하지 않으면 자동으로 rbf로 비
선형 분류가 선택됩니다. 그래서 『Python 1학년』에서는 생략했었습니다.

모델 작성(Python1 학년)

```
model = svm.SVC(gamma = 0.001)
```

모델이 만들어졌으면, 여기에 학습용 데이터인 문제(X_train)와 정답(y_train)을 주고 학습시킵니다.

```
model.fit(X_train, y_train)
```

[입력 프로그램] 리스트 5.8

```
from sklearn import svm
from sklearn.metrics import accuracy_score

# 가우스 커널법의 SVM으로 학습 모델을 만든다(훈련 데이터로).
model = svm.SVC(kernel = "rbf", gamma = 0.001)
model.fit(X_train, y_train)

# 정답률을 조사한다(테스트 데이터로).
pred = model.predict(X_test)
score = accuracy_score(y_test, pred)
print("정답률:", score*100, "%")
```

출력 결과

정답률: 99.55555555555556 %

와우! 정답률 99.5%네요.

다만 이건 '학습시킨 것과 같은 이미지 데이터'인 경우의 정답률이니까. 학습시킨 것과 전혀 다른 숫자 이미지 데이터를 넘겨주면 정답률은 떨어져 버려.

예측하게 한다

이제 손글씨 이미지를 넘겨주고 예측시켜 봅시다. 그러나 그대로 넘겨줄 줄 수는 없습니다. 머신러닝에 넘겨줄 수 있는 형식으로 데이터를 변환해야 합니다.

학습을 마쳤으니, 드디어 '⑤ 새로운 값을 넘겨주고 예측한다'로 진행할 차례구나.

야호~!

단! 넘겨주는 손글씨 이미지를 학습한 데이터와 같은 포맷으로 맞춰주는 예측 준비가 필요하지.

에이~ 이제 완성이라고 생각했는데.

데이터를 전달할 때의 처리는 중요해. 노트북의 경우, 아래 5개 순서를 따라 이미지 데이터를 불러와 포맷을 변경할 수 있어.

① 이미지 파일을 노트북에 업로드
② 이미지를 불러와 그레이 스케일(흰색~회색~흑색) 이미지로 변환
③ 8×8 이미지로 변환
④ 색 농도를 0~16의 17단계로 변환
⑤ 8×8 데이터를 한 줄로 변환

우선은 '① 이미지 파일을 노트북에 업로드' 하자.

예제용 이미지 파일은 10페이지 다운로드 사이트에서 내려받을 수 있습니다. 직접 만든 이미지도 이용할 수 있지만, 학습 데이터의 숫자와 같은 정도의 농도, 굵기, 크기로 쓴 이미지를 사용하세요.

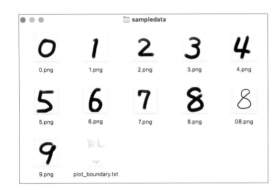

Colab Notebook에서 업로드하는 경우

① 폴더를 연다

노트북 왼쪽에 있는 ❶ 폴더 아이콘을 클릭하면, 노트북에서 폴더가 열려 표시됩니다.

② 파일을 선택한다

왼쪽의 ❶ 패널의 [업로드] 버튼을 클릭해, 업로드하고 싶은 파일을 선택합니다. 숫자 이미지를 몇 개 업로드해 둡시다.

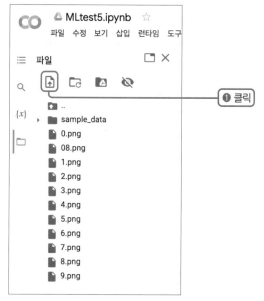

※ Colab Notebook에 업로드한 파일은 실행한 지 12시간 이상 지났거나 컴퓨터를 닫고 90분이 지났을 때 자동으로 삭제되어 버립니다. 그렇기 때문에 다음날 계속하려고 하면 파일이 지워져 있을 수 있습니다. 그런 경우에는 다시 업로드합시다.

LESSON
22

 # Jupyter Notebook에서 업로드하는 경우

① 폴더를 연다

노트북 메뉴에서 ❶ [File] → [Open…]을 선택하면, 노트북이 저장되어 있는 폴더가 표시됩니다.

② 파일을 선택한다

오른쪽 ❶ [Upload] 버튼을 클릭하여, 업로드하고 싶은 파일을 선택합니다.

③ 업로드한다

업로드 확인 상태로 바뀌고, 오른쪽에 ❶ [Upload] 버튼이 표시됩니다. 버튼을 클릭하면, 파일이 업로드됩니다. 숫자 이미지 몇 개를 업로드해 둡시다.

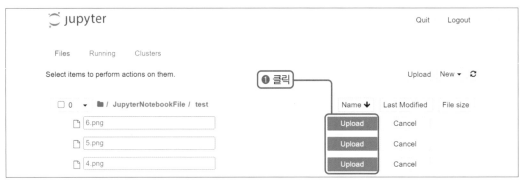

※ Jupyter Notebook에서 업로드한 파일은 자동으로 삭제되지 않습니다.

④ 노트북을 다시 연다

마지막으로 노트북을 선택하여 다시 열면 업로드한 파일을 사용할 수 있게 됩니다.

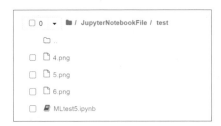

파일이 다 업로드됐으면, '② 이미지를 읽어 들여, 그레이스케일 이미지로 변환'할 거야.

 ## 이미지를 읽어 들여 숫자를 예측한다

우선, 이미지 처리를 위해 PIL(pillow) 라이브러리를 불러와 둡니다.

서식: PIL 임포트

```
from PIL import Image
```

이미지 파일은 `Image.open(이미지 파일명)`으로 불러올 수 있습니다. 불러온 이미지 파일을 다시 그레이스케일로 변환해야 하므로, 그레이스케일로 변환하는 `convert("L")` 명령을 추가합니다.

서식: 그레이스케일 변환

```
image=Image.open(이미지 파일명).convert("L")
```

불러온 이미지를 `plt.imshow(image,cmap = "gray")` 명령을 사용해 그레이스케일로 그리고 확인해 봅시다(리스트 5.9).

LESSON
22

[입력 프로그램] 리스트 5.9

```
from PIL import Image
import matplotlib.pyplot as plt

image = Image.open("4.png").convert("L")

plt.imshow(image, cmap = "gray")
plt.show()
```

출력 결과

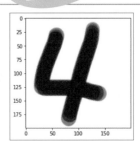

불러온 이미지가 노트북 안에 표시됐어요!

이미지 파일을 그레이스케일로 불러왔으니, 다음은 '③ 8×8 이미지로 변환' 차례야(리스트 5.10). image.Resize((8,8), Image.ANTIALIAS) 명령을 실행하는 것만으로, 8×8 이미지로 변환할 수 있어.

[입력 프로그램] 리스트 5.10

```
image = image.resize((8, 8), Image.ANTIALIAS)
plt.imshow(image, cmap = "gray")
plt.show()
```

출력 결과

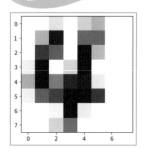

모자이크 글씨가 됐어요.

다음은 '④ 색 농도를 0~16의 17단계로 변환' 차례야. 그 전에 이미지 데이터가 어떤 수치인지를 살펴보자(리스트 5.11). 수치계산 라이브러리인 numpy의 np.asarray(image, dtype = float) 명령을 사용하면 8×8 이미지의 색 농도를 수치화할 수 있어.

[입력 프로그램] 리스트 5.11

```
import numpy as np
img = np.asarray(image, dtype = float)
print(img)
```

출력 결과

```
[[255. 249. 219. 255. 205. 178. 255. 253.]
 [254. 181.  56. 255. 117. 115. 255. 251.]
 [255.  82. 112. 255.  44. 184. 255. 252.]
```

```
[228.  41. 250. 212.  46. 255. 255. 254.]
[175.  12. 136.  69.  59. 225. 253. 255.]
[228. 112.  89.  16.  33.  80. 244. 255.]
[255. 255. 236.  37. 227. 244. 253. 255.]
[252. 251. 206. 120. 255. 255. 255. 255.]]
```

33이라든가, 255라든가 다양한 숫자가 있네요.

결과를 보면 검정색은 최솟값인 0, 흰색은 최댓값인 255로 되어 있어. 그러니까, 우리는 0~255 사이의 데이터를 16.0~0.0 범위로 변환해야 해. 학습에 사용한 데이터는 흰색이 16.0이고 검정색이 0.0인 17단계의 데이터였지만, 가져온 이미지 데이터는 흰색 0.0, 김정색이 255.0인 흑과 백이 반대로 된 256단계의 데이터이기 때문이지.

뭔가 좋은 방법이 없을까요?

numpy를 사용해서 계산하면 많은 데이터도 한 번에 계산할 수 있어(리스트 5.12).

우와!

0~255를 17×값÷256으로 계산하면, 0.0~16.93의 값이 되지. 여기서 소수점 이하를 np.floor 명령으로 잘라버리면 0.0~16.0이 돼. 결국, 16-np.floor(17*img/256)이라는 식으로 0~255를 흑과 백이 반전된 16.0~0.0으로 변환할 수 있는 거야.

그렇군요~

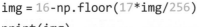
[입력 프로그램] 리스트 5.12

```
img = 16-np.floor(17*img/256)
print(img)
```

출력 결과

```
[[ 0. 0. 2. 0. 3. 5. 0. 0.]
 [ 0. 4. 13. 0. 9. 9. 0. 0.]
```

187

```
 [ 0. 11.  9.  0. 14.  4.  0.  0.]
 [ 1. 14.  0.  2. 13.  0.  0.  0.]
 [ 5. 16.  7. 12. 13.  2.  0.  0.]
 [ 1.  9. 11. 15. 14. 11.  0.  0.]
 [ 0.  0.  1. 14.  1.  0.  0.  0.]
 [ 0.  0.  3.  9.  0.  0.  0.  0.]]
```

진짜네. 255~0이 0~16으로 바뀌었어요.

마지막으로 '⑤ 8×8 데이터를 한 줄로 변환'을 하자(리스트 5.13).
flatten 명령을 실행하면 2차원 배열을 1차원 배열로 변환할
수 있어.

[입력 프로그램] 리스트 5.13

```
img = img.flatten()
print(img)
```

출력 결과

```
[  0.  0.  2.  0.  3.  5.  0.  0.  0.  4. 13.  0.  9.  9.  0.↵
 0.  0. 11.
   9.  0. 14.  4.  0.  0.  1. 14.  0.  2. 13.  0.  0.  0.  5.↵
16.  7. 12.
  13.  2.  0.  1.  9. 11. 15. 14. 11.  0.  0.  0.  0.  1.↵
14.  1.  0.
   0.  0.  0.  0.  3.  9.  0.  0.  0.  0.]
```

한 줄로 만들어졌네. 여기서, 원래 이미지 데이터의 포맷을 확인
해 보자(리스트 5.14).

[입력 프로그램] 리스트 5.14

```
print(digits.data[0:1])
```

출력 결과

```
[[ 0.  0.  5. 13.  9.  1.  0.  0.  0.  0. 13. 15. 10. 15.  5.↵
 0.  0.  3.
  15.  2.  0. 11.  8.  0.  0.  4. 12.  0.  0.  8.  8.  0.  0.↵
 5.  8.  0.
   0.  9.  8.  0.  0.  4. 11.  0.  1. 12.  7.  0.  0.  2. 14.↵
 5. 10. 12.
   0.  0.  0.  0.  6. 13. 10.  0.  0.  0.]]
```

 원래 이미지 데이터는 2차원 배열 형식이고, 이런 형식으로 학습 시켰구나. 여기에 맞게 한 줄로 만든 데이터를 리스트에 넣어서 [img]라는 형식으로 넘겨주기로 하자.

 이걸로 예측 준비는 끝인가요?

 준비는 끝났지. model.predict로 예측할 거야. [img]를 넘겨 줘 보자(리스트 5.15).

[입력 프로그램] 리스트 5.15

```
predict = model.predict([img])
print("예측 =", predict)
```

출력 결과

예측 = [4]

와아~ 됐다! 단 두 줄로 깔끔하게 예측할 수 있네요.

 그때까지의 준비가 중요한 거야.

다른 숫자도 조사해봐요.

그럼, 다른 이미지로 예측해 보자(리스트 5.16). 6.png를 불러와서 그레이스케일로 만들고, 8×8로 변환해. 또 색 농도를 0~16으로 변환하고, 데이터를 한 줄로 변환하는 거야. '학습된 모델'은 만들어져 있으니까, 나머지는 예측만 하면 되지. 그 이미지도 표시해서 확인해 보자.

[입력 프로그램] 리스트 5.16

```python
image = Image.open("6.png").convert('L')
image = image.resize((8, 8), Image.ANTIALIAS)
img = np.asarray(image, dtype = float)
img = 16-np.floor(17*img/256)
img = img.flatten()

predict = model.predict([img])
print("예측 =", predict)

plt.imshow(image, cmap = "gray")
plt.show()
```

출력 결과

예측=[6]

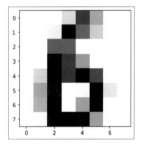

됐다 됐다~! 치노가 무슨 숫자인지 제대로 이해하고 있어요.

비지도 학습을 이용해
데이터를 표시해 보자

이번에 사용한 숫자 이미지 데이터가 어떻게 되어 있는지 알아봅시다. 차원
축소를 이용하여 3D 그래프로 표시해 봅니다.

그런데 전 아직 잘 상상이 잘 안되요 .어떻게 저런, '줄무늬 모양
막대'를 학습했을 뿐인데, 제대로 구별할 수 있는 걸까요?

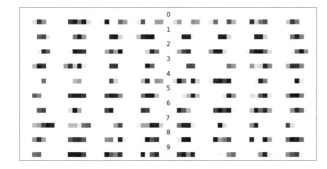

그럼, 그 '줄무늬 학습 데이터에 어떤 차이점이 있는지' 시각화해
볼까? SVM으로 학습하기 전 단계의 시각화지만 조금은 상상해
볼 수도 있어.

다행이다! 이것도 plot_boundary 함수를 쓰는 건가요?

아니, 아니, 못 써. 그건 두 개의 설명 변수로 2차원 그래프상에
그리는 함수이기 때문이야. 이번 학습 데이터에서는 64개의 설명
변수가 있어. 그러니까 64차원인 거지.

뭐라구요~~! 64차원? 그런 건 어떻게 해야 되죠?

이럴 때 편리한 머신러닝이 있어. 자, 비지도 학습에는 '클러스터링' 이외에도 복잡한 데이터를 간결하게 정리하는 '차원 축소'가 있었지?

으…. 잊고 있었다.

차원 축소는 '주성분 분석(PCA)'이라는 통계 기법으로 많은 특징량을 정리하여 차원을 줄일 수 있어. 예를 들어, 64차원의 특징량을 3차원의 특징량으로 줄일 수도 있지. 3차원까지 줄이면 3D 그래프로 그릴 수 있다는 거야.

왠지… SF같아요.

그렇지만 사용법은 아주 간단해. 3차원으로 줄이고 싶을 때는 decomposition.PCA(n_components = 3)라고 명령해서 모델을 만들고, 그 모델에 특징량 데이터를 넘겨주기만 하면 돼. pca. fit_transform(X) 명령으로 반환되는 것이 특징량이 정리되어 3개로 줄어든 데이터야.

예: 특징량을 3차원으로 줄인다

```
pca = decomposition.PCA(n_components=3)
features3 = pca.fit_transform(X)
```

'64개의 설명 변수를 가진 학습 데이터(digits.data)'를 이 주성분 분석을 이용해 3개의 설명 변수로 줄여 3D 산포도상에 그려보자. 또 알아보기 쉽게 각각의 점을 색깔로 구분해 보자.

어쩐지 재밌을 것 같아요.

'무슨 숫자인지(digits.target)'를 준비한 색에 할당해서 그리는 거야.

리스트 5.17의 프로그램을 입력해서 실행해 봅시다.

```python
from sklearn.datasets import load_digits
from sklearn import decomposition
from mpl_toolkits.mplot3d import Axes3D


digits = load_digits()
X = digits.data
y = digits.target

# 0~9의 색 이름을 준비한다.
numbercolor = ["BLACK", "BROWN", "RED", "DARKORANGE", "GOLD",
        "GREEN", "BLUE", "PURPLE", "GRAY", "SKYBLUE"]
# y 값을 색 이름으로 바꾸고 colors 리스트를 만든다.
colors = []
for i in y:
  colors.append(numbercolor[i])

# 주성분 분석으로 64개의 특징량을 3개로 차원을 축소한다.
pca = decomposition.PCA(n_components = 3)
features3 = pca.fit_transform(X)

# 3개로 줄인 데이터(features3)로 데이터 프레임을 만든다.
df = pd.DataFrame(features3)

# 3D 산포도를 준비한다.
fig = plt.figure(figsize = (12, 12))
ax = fig.add_subplot(projection = '3d')
# 3개의 특징량을 X, Y, Z로 하고, 각 점의 숫자에 대응하는 색으로 산포도를 그린다.
ax.scatter(df[0], df[1], df[2], color = colors)

# 숫자가 각각 무슨 색인지 견본을 그린다.
ty = 0
for col in numbercolor:
  ax.text(50, 30, 30-ty*5, str(ty), size = 20, color = col)
  ty+ = 1
plt.show()
```

LESSON
23

출력 결과

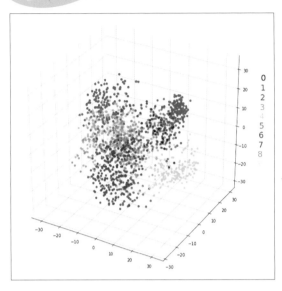

굉장해요! 숫자별로 모여 있는 걸 알 수 있네요.

빨간색 '2'와 주황색 '3'은 가까운 곳에 있구나.

확실히 '2'와 '3'은 모양이 비슷하니까요. 하지만 노란색 '4'는 먼 곳에 있어요. 차이가 크네요.

파란색 '6'과 검은색 '0'도 가까운 곳에 있네.

'6'이랑 '0'도 비슷하긴 하네요. 그런데 이건 섞여서 구분이 안 돼요.

그럼 시점을 바꿔보자(리스트 5.18)! 해결 방법을 찾을 수 있을 지도 몰라.

앗! 시점 변경! 또 나왔다!

[입력 프로그램] 리스트 5.18

```python
# 시점을 바꿔서 그린다.
fig = plt.figure(figsize = (12, 12))
ax = fig.add_subplot(projection = '3d')
# 각 점의 숫자에 대응하는 색으로 산포도를 그린다.
ax.scatter(df[0], df[1], df[2], color = colors)

# 숫자가 무슨 색인지 견본을 그린다.
ty = 0
for col in numbercolor:
    ax.text(-30+ty*5, 40, 30, str(ty), size = 20, color = col)
    ty+ = 1
ax.view_init(90, 0)
plt.show()
```

출력 결과

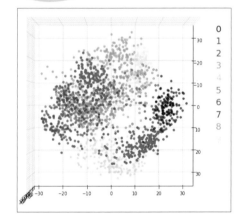

그렇네요! 파란색과 검은색이 나뉘어져 있어요. 이렇게 하니, '6'과 '0'의 차이를 알 수 있네요.

이렇게 시각화하면 여러 가지 다른 점을 발견할 수 있지?

모두 같은 '줄무늬'로 보였지만, 데이터로서는 제대로 차이가 나는군요. 『Python 1학년』에서부터 오래 걸렸네요. 하지만 마침내 치노가 어떤 식으로 생각하는지 알겠어요.

LESSON

24

앞으로 무엇을
공부하면 좋을까

머신러닝을 학습했지만, 다루지 않는 것이 많이 있습니다. 딥러닝이나 강화학습 등 아직도 배울 것이 많습니다.

박사님! 이제 머신러닝은 완벽히 익힌 거 같아요! 더 배울 게 없지 않나요?

그동안 공부하느라 고생했어. 훌륭해. 하지만 머신러닝은 이제부터야. 지금까진 대략 설명했을 뿐인걸.

아ー! 그런가요~?

인공지능에서 가장 유명한 딥러닝(심층학습)은 설명도 하지 않은 걸. 신경망의 구조부터 착실하게 학습해 나갈 필요가 있으니까.

그렇구나ー. 딥러닝은 하지 않았지.

일반적인 머신러닝(기계학습)에서는 '이 특징량에 주목해서 학습하라'고 인간이 가르쳐 줄 필요가 있어. 하지만 딥러닝은 '무엇을 주목해야 할지'까지 컴퓨터 스스로 찾아내는 방법이야. 인간이 찾을 수 없는 특징까지 사용해서 학습하기 때문에 비약적으로 대단한 판단을 할 수 있게 되지.

굉장하네요.

그 대신에 '어떻게 판단하는지' 인간이 이해하기 어려울 때도 있어. 재미있지?

그런 단점도 있군요.

또 AI 실용화에 관한 이야기도 하지 않았지. 일단 실험적으로 동작해 보긴 했지만, 실제 업무에 AI를 도입하거나 AI를 이용한 앱을 만들 때는 검증하거나 파라미터를 조정하거나 과학습을 억제하는 등 여러 가지를 고려할 필요가 있어.

열심히 하겠습니다-.

머신러닝은 깊이가 깊다구.

머신러닝을 하면서 저도 배웠어요! 책에 쓰여 있는 것을 그냥 외우기만 해선 안 되고 의미를 생각하고 이해하는 게 중요한 거죠?

LESSON
24

그럼 또 만나요-!

찾아보기

Python 3학년 머신러닝의 구조

2023. 9. 13. 1판 1쇄 인쇄
2023. 9. 20. 1판 1쇄 발행

지은이 | 모리 요시나오
장정 · 본문 디자인 | 오시타 켄이치로
본문 디자인 | 주식회사 리브로웍스
장정 · 본문 일러스트 | 아라이 노리코
만화 | 호리타 미와
편집 · DTP | 주식회사 리브로웍스
옮긴이 | 김성훈
펴낸이 | 이종춘
펴낸곳 | BM (주)도서출판 성안당
주소 | 04032 서울시 마포구 양화로 127 첨단빌딩 3층(출판기획 R&D 센터)
10881 경기도 파주시 문발로 112 파주 출판 문화도시(제작 및 물류)
전화 | 02) 3142-0036
031) 950-6300
팩스 | 031) 955-0510
등록 | 1973. 2. 1. 제 406-2005-000046 호
출판사 홈페이지 | www.cyber.co.kr
도서 내용 문의 | hrcho@cyber.co.kr
ISBN | 978-89-315-5923-1 (93000)
정가 | 18,000원

이 책을 만든 사람들
책임 | 최옥현
진행 | 조혜란
교정 · 교열 | 조혜란, 김성훈
본문 디자인 | 임진영
표지 디자인 | 박원석
홍보 | 김계향, 유미나, 정단비, 김주승
국제부 | 이선민, 조혜란
마케팅 | 구본철, 차정욱, 오영일, 나진호, 강호묵
마케팅 지원 | 장상범
제작 | 김유석

이 책에서 사용된 모든 프로그램과 상표는 각 회사에 그 권리가 있습니다.

Python 3 年生 機械学習のしくみ
(Python 3 Nensei Kikaigakushu no Shikumi: 6657-5)
ⓒ 2021 YOSHINAO MORI
Original Japanese edition published by SHOEISHA Co., Ltd.
Korean translation rights arranged with SHOEISHA Co., Ltd. through Eric Yang Agency, Inc.
Korean translation copyright ⓒ 2023 by Sung An Dang, Inc.